CODE

de la

Morale et de la Politique,

de la

Jeune Noblesse de l'Autriche,

ou

Epitome des Pensées,

de Monsieur le Comte d'Oxenstirn

arrangé

par

J. B. Hofstetter,

professeur des langues et des littératures française
et polonaise à l'académie I. R. Thérésienne des
Nobles à Vienne, et membre de la société littéraire
de Cracovie.

VIENNE 1844.

Dédié

à

Monsieur le Comte

Grégoire de Bethlen.

M.r le Comte !

Ayant eu l'honneur d'apprécier votre savoir et vos connaissances, je prends la liberté de vous présenter, M.r le Comte, comme un hommage sincère de mes sentimens respectueux, la dédicace du Code de la Morale et de la Politique de la Jeune Noblesse de l'Autriche. Je n'ai rien tant à coeur que de vous prier

Mr le Comte de vouloir bien agréer l'assurance de la considération la plus distinguée avec laquelle j'ai l'honneur d'être
Monsieur le Comte
votre

Vienne le 4. Avril 1844.

très-humble et très-dévoué Serviteur
Jean Hofstetter.

Maxime I.
Être homme de bien.

Être homme de bien est la plus avantageuse de toutes les qualités, puisqu' elle renferme les principales vertus qui nous sont nécessaires pour accomplir nos devoirs; et qu' elle est en même temps le fondement du vrai mérite, et le principe du solide bonheur. Mais si cette excellente qualité nous fait acquérir une gloire immortelle dans le ciel, elle ne nous sert pas moins pour vivre avec honneur, et pour jouir de quelque repos sur la terre: car un homme d' une probité reconnue est estimé de tout ce qu' il y a de personnes sages et éclairées, et son mérite lui ouvre le chemin aux premiers emplois. De plus, comme il est exempt de toute passion déréglée, il jouit de l' heureuse tranquillité qui règne dans les ames pures; et jamais la paix de son coeur n' est troublée par les divers accidens, auxquels les hommes sont sujets; parce que toujours soumis aux ordres de la Providence, il trouve sa consolation dans sa propre vertu. Comme rien n'est capable de lui ôter ce précieux trésor qu'il renferme en lui-même, rien aussi ne peut le rendre malheureux. Il n'en est pas ainsi de ceux qui font consister leur bonheur dans la santé, la bonté, les richesses, les dignités, et dans les autres présens qu'ils ont reçu de la nature ou de la fortune. Tout cela leur est souvent ravi par mille accidens imprévus, ou leur échappe selon le cours ordinaire des choses humaines. Et alors ils sont d'autant plus misérables, qu'ils ne trouvent point dans leur propre fonds de quoi se consoler de la perte de ces fragiles biens, auxquels ils avaient tant d'attache. Rien n'est donc plus avantageux que de travailler à devenir homme de bien. Pour l'être véritablement, il est nécessaire d'avoir une foi vive et pure, c'est-à-dire, d'être fortement convaincu de toutes les vérités du christianisme, d'en suivre exactement les règles, et d'avoir une extrême horreur du libertinage et de l'impiété. Notre Réligion porte avec soi des marques si éclatantes de la divinité de son origine, elle est si aimable et si sainte, que les incrédules qui osent la mépriser, sont tout-à-fait inexcusables. Quand on l'examine sans prévention, et avec un désir sincère de s'éclaircir, on découvre bientôt, qu'elle est vénérable par son antiquité, pure dans sa morale, sublime dans ses mystères, et divine dans son principe. Ainsi, quel parti plus sûr pour nous, que de nous soumettre à la loi d'un Dieu, qui après avoir établi son Eglise au milieu des peuples idolâtres, malgré l'opposition de toutes les puissances de la terre, les a obligés elles-mêmes, nonobstant leur orgueil et leur préjugés, à le reconnaître pour leur Créateur, et à lui rendre l'adoration qu'il mérite? Et que pouvons-nous faire de plus raisonnable, que d'embrasser une doctrine confirmée par tant de miracles, appuyée du témoignage de tant de Martyrs, enseignée uniformemant durant des siècles, défendue par tant de grands hommes aussi célèbres par la pureté de leurs moeurs, que par la solidité de leur esprit et par leur érudition profonde. Outre la foi, il faut encore avoir l'amour et la crainte de Dieu: son amour, pour rapporter toutes nos actions à sa gloire, et la crainte de ses jugemens, afin de nous retenir dans les bornes du devoir, quand son amour n'est pas assez fort pour arrêter l'impétuosité de nos passions. C'est cet amour mêlé d'une crainte salutaire, éclairé par la foi, et animé par l'espérance, qui est la vertu propre du vrai Chrétien, et qui en fait le caractère particulier ; caractère infiniment plus glorieux que tous les autres, et le seul qui étant dignement soutenu, soit capable de nous procurer une félicité parfaite.

Ne croyons pourtant pas, que notre bonheur ne dépende que de notre foi, il dépend aussi de nos oeuvres, et de la reconnaissance que nous devons avoir de tant de biens, dont Dieu nous a comblés. C'est lui qui nous a faits tout ce que nous sommes: nos corps et nos ames sont les ouvrages de ses mains, nos vertus sont des dons de sa grace, nos avantages temporels sont des bienfaits que nous avons reçus de son infinie bonté. C'est lui qui nous soutient dans les tentations, qui nous fortifie dans les souffrances, qui nous console dans les déplaisirs ; c'est lui enfin qui a livré son fils à la mort pour nous racheter, et qui a préparé une éternelle récompense aux fidèles observateurs de ses lois. Ne soyons pas insensibles à tant de graces. Et puisque pour toute reconnaissance Dieu ne demande que notre coeur, aimons un bienfaiteur si grand et si aimable, obéissons à ses commandemens, et persuadons-nous, qu'on ne peut trouver de solide plaisir, ni de bien véritable, que dans une soumission parfaite à ses adorables volontés.

Maxime II.
Honorer ceux de qui l'on a reçu la vie.

Ce n'est pas ici proprement une maxime, c'est une loi inviolable, qui de tout temps a été observée par les nations les plus barbares, comme par les peuples les mieux policés. Ce qui montre que cette loi qui se trouve gravée dans tous le coeurs, ne peut être que naturelle. D'autre part Dieu, qui savait que souvent la voix de la nature n'est pas assez forte pour se faire entendre aux hommes dans le tumulte des passions, leur a fait un commandement exprès d'honorer ceux de qui ils ont reçu la vie; et il les menace des plus sévères châtimens, s'ils osent jamais violer ce précepte. Enfin la raison nous fait voir la justice de ce commandement: car n'est-il pas juste de rendre nos respects et nos services à ceux qui après Dieu nous ont donné l'être, et qui nous l'ont conservé par leurs soins pendant nos premières années? Que les enfans, et principalement ceux qui étant d'une naissance illustre, doivent avoir de plus nobles inclinations, ne manquent donc pas de s'acquitter d'un devoir si légitime; et s'ils ne veulent attirer sur eux les funestes effets de la colère de Dieu, et passer pour ingrats, ou plutôt pour des dénaturés indignes de vivre, qu'ils conservent toujours pour leurs Pères et Mères les sentimens d'amour, de soumission et de reconnaissance, que la nature leurs a inspirés.

Maxime III.
Importance de l'education.

Les Enfans sont coupables sans doute, quand ils ne rendent point à leurs Pères le respect et l'obéissance qu'ils leur doivent: mais les Pères qui n'ont pas soin de bien élever leurs enfans, ne sont guère moins criminels. Car on peut dire que c'est de l'éducation, que dépend presque toujours le bonheur ou le malheur de la vie. Un méchant naturel est la source féconde de tous les vices, si l'on ne travaille assidûment à le corriger et à le tourner au bien. Un beau naturel se gâte, s'il n'est point cultivé: et dans un âge, où les passions sont si vives, le coeur flatté par la douceur des plaisirs qui lui sont offerts, s'y abandonne sans résistance, lorsqu'on n'a pas pris soin de lui faire connaître le poison qu'ils cachent. Nous ne voyons que trop souvent les tristes effets d'une mauvaise éducation. Un jeune homme qui a été mal élevé, n'ayant ni savoir, ni mérite, est incapable de posséder aucune charge: ses passions, au gré desquelles il se conduit, le portant à dissiper ses biens et à tout sacrifier pour se satisfaire, le font mépriser et haïr de tout le monde. Ses désordres ne manquent jamais de lui attirer de fâcheuses affaires; et quelquefois cela va si loin, qu'il déshonore sa famille, et se perd de réputation pour jamais. Quel regret pour un Père, qui n'a pas travaillé de bonne heure à faire instruire ce fils avec soin; à lui inspirer la piété, et à lui donner des lumières pour régler ses moeurs et sa conduite, comme il y était indispensablement obligé. Mais quelle joie pour celui qui s'est appliqué lui-même à former l'esprit et le coeur de son fils, de le voir dès son entrée dans le monde s'acquérir une estime universelle, gagner les bonnes grâces des honnêtes gens, s'acquitter avec distinction des premiers emplois qu'on lui donne, faire honneur à sa famille par ses belles qualités et devenir de jour en jour plus vertueux, plus sage et plus habile. Voilà quels sont les fruits d'une bonne éducation: la tranquillité de cette vie et la félicité de l'autre y sont attachés. Les Pères ne doivent donc rien négliger, ni rien épargner pour faire bien élever leurs enfans: et les enfans doivent regarder comme un temps précieux celui qu'on emploie à les instruire de leurs devoirs, et à leur donner les connaissances qu'on juge leur être nécessaires, et dont ils reconnaîtront eux-mêmes l'utilité dans la suite de leur vie. Ils doivent, dis-je, seconder par leur application, et par leur docilité le soin que l'on prend de leur éducation, puisque c'est une affaire qui les regarde directement et dans laquelle ils ont plus d'intérêt que personne.

Maxime IV.
Ce que doit apprendre un jeune homme de qualité.

Toutes les sciences contiennent plusieurs vérités, et comme nous sonhaitons naturellement de connaître la vérité, il y a toujours quelque plaisir à s'attacher aux sciences. On ne doit pas néanmoins les embrasser toutes indifféremment. Il y en a qui sont à la mode, et qu'on n'apprend que pour se divertir : mais, il y en a d'autres qui sont nécessaires, et surtout à un homme de qualité. La Morale, la Politique et l'Histoire sont de ce nombre. La première lui fournit des principes certains pour régler ses moeurs; et les deux autres lui donnent des lumières pour se conduire avec prudence. Les Mathématiques renferment tant de belles découvertes, elles sont si estimées en ce temps-ci, qu'il faut au moins savoir ce qui est le plus facile et le plus d'usage, comme l'Arithmétique, la Géographie, la Sphère? A quoi on peut ajouter une légère connaissance de la Géométrie, qui rend ceux, qui s'y appliquent, retenus et circonspects dans leurs jugemens; qui leur enseigne à suivre dans la recherche de toutes sortes de vérités une méthode exacte: et qui les accoutume insensiblement au travail de l'attention si nécessaire dans les sciences, et dans les affaires. Il est encore plus important, d'être instruit de la vraie Rhétorique; je veux dire celle qui apprend non seulement à bien parler, mais encore à persuader. Ce bel art est quelque fois de grand usage en des occasions, où la force, le courage et la valeur seraient inutiles. Il sert à s'insinuer avec adresse dans l'esprit des Princes et des Grands, à traiter avec les amis, les ennemis et les étrangers; à se rendre maître des coeurs; et à tourner comme l'on veut les esprits des soldats et des peuples. La Philosophie n'est pas moins utile; elle l'éclaire, et lui donne plus d'étendue. La Logique et la Métaphysique le rendent plus juste et plus fin; et la Physique, en lui découvrant les secrets de la nature, et lui faisant considérer la beauté, l'ordre et l'enchaînement admirable des différentes parties de l'Univers, le porte en même temps à adorer l'Auteur d'un si merveilleux ouvrage. L'étude des langues doit précéder l'étude des sciences plus sérieuses, excepté celle de la Morale dont on ne saurait trop tôt apprendre les principales règles. On ne doit pas négliger les exercices du corps: ils entretiennent la santé, rendent la constitution plus forte, et donnent aux actions extérieures un air libre, et une certaine grace qui frappe d'abord agréablement: ce qui n'est pas dans le monde un petit avantage. Je ne parle point ici de sciences propres de chaque Etat: je suppose qu'un jeune homme destiné à servir l'Eglise, s'instruit à fond de la Théologie : un homme de Robe, des Lois et des Coutumes ; et un homme d'Epée de tout ce qui regarde la guerre.

Maxime V.

Quel doit être le but de ses études.

Les actions qui seraient bonnes d'elles-mêmes changent de nature, quand elles sont faites par un mauvais principe. L'étude est une occupation, qui de soi est bonne et honnête : mais il faut examiner par quel motif on s'y applique. C'est d'ordinaire ou pour acquérir de la réputation, ou pour se procurer quelque établissement avantageux, ou pour être utile au public, conformément à l'ordre de la Providence, qui veut que chacun travaille selon ses forces, et selon les talens qu'il a reçus. Les deux premiers motifs sont mauvais : il vaudrait mieux ne pas étudier, que de le faire par orgueil ou par intérêt. Le troisième étant fondé sur la loi naturelle et sur les principes de la Religion, est bon et digne d'un coeur noble. Ainsi ceux qui sont chargés de l'éducation des enfans doivent leur faire comprendre de bonne heure que le temps de leurs études ne peut être bien employé, s'ils ne les rapportent à la gloire de Dieu, à leur propre perfection, et à l'utilité de l'Etat ou de l'Eglise.

Maxime VI.

Du bon usage de la science.

Il me semble que ceux qui sont élevés au-dessus des autres par leur naissance ou par leurs dignités, devraient aussi les surpasser par l'étendue de leurs connaissances. Du moins on ne peut douter que la science ne soit fort utile à un homme de qualité, pourvu qu'il en sache faire un bon usage, et qu'au lieu de s'enorgueillir de ses lumières, il s'en serve à régler son coeur, et à perfectionner son esprit. Sur ce pied-là quelque capable et quelque savant qu'il puisse être, il ne doit jamais faire hors de propos une vaine montre de son érudition, disputer avec chaleur sur des bagatelles, vouloir tout reduire à son sens, et parler d'un ton dogmatique; ses manières pédantesques déplaisent extrêmement aux honnêtes gens. La connaissance de belles lettres doit polir nos moeurs, et nous inspirer plus de douceur, de discrétion et de retenue. Aussi voyons-nous qu'ordinairement les vrais Savans ont beaucoup de modération, d'humilité et de sagesse: parce qu'à proportion qu'ils ont plus de lumières, ils connaissent mieux et leurs défauts, et leurs devoirs.

Maxime VII.
Ce que l'on doit à ses parens.

Les lois de la nature et de la bienséance nous obligent de rendre à nos Parens le respect qui leur est dû; de défendre leur honneur, et de soutenir leurs intérêts, quand nous le pouvons faire sans injustice. Outre que c'est un devoir c'est encore un avantage considérable que de demeurer étroitement uni avec ses proches. On ne voit guère tomber en décadence les familles qui sont unies de la sorte: elles s'aident et se soutiennent mutuellement, soit par elles-mêmes, soit par leurs amis; et cette bonne intelligence les maintient en honneur et en autorité. Quand même nos Parens n'auraient pas beaucoup de mérite, la bienséance et la charité veulent que nous évitions de rompre avec eux: que nous cachions leurs défauts autant qu'il est possible: et que dans l'occasion nous ne refusions pas de les servir.

Maxime VIII.
Être soumis aux lois de l'état.

Le droit divin, l'ordre de la société civile, le bien général des peuples demandent que chaque particulier se soumette aux lois. Dans un état monarchique les sujets sont obligés d'honorer leur Roi, et de lui obéir; et dans les Républiques on doit être soumis aux Magistrats; c'est un devoir indispensable, et une loi reçue de tout temps par toute la terre. Ce qui est autorisé dans un état par un long usage ne doit être changé que pour de raisons et plus fortes que celles qui l'ont fait établir, et plus utiles au bien universel, auquel chacun est obligé de concourir. Les nouveautés que des particuliers voudraient introduire dans l'administration d'un royaume, seraient plutôt capables de le détruire que d'en affermir ou d'en augmenter la puissance. L'histoire est pleine d'exemples qui prouvent cette vérité. C'est en vain que ceux qui se revoltent contre leurs souverains, les accusent de violence et de tyrannie; l'ambition, qui aveugle ces rebelles, les empêche de considérer, que Dieu nous ordonne d'obéir aux puissances qu'il a établies sur nous; quand elles abuseraient de leur autorité, à moins que ce ne fût pour nous obliger à faire ce qu'il nous défend lui-même: que les lois civiles ont toujours condamné la rebellion, quelque spécieux prétexte qu'on ait pu lui donner; et qu'enfin il est constant par l'expérience de tous les siècles, que les horribles maux que causent les guerres civiles, les révoltes des sujets, sont sans comparaison plus grands que ceux qu'un Prince peu équitable fait quelque fois souffrir à son peuple. Outre que s'il était permis aux particuliers, de désobéir à leurs supérieurs, quand ils croiraient avoir droit de s'en plaindre, comme les rebelles les supposent, il n'y aurait point de société, ni de forme de gouvernement qui pût subsister, puisque chacun, trompé par ses passions, ne manquerait jamais de raisons apparentes pour s'opposer aux puissances les plus légitimes. Ainsi quelque mauvais usage que fassent de la souveraine autorité ceux qui en sont revetûs, que les peuples, demeurant dans les bornes du devoir et de l'obéissance, reconnaissent en cela Dieu irrité, qui les châtie: et qu'ils le supplient, lui qui tient en sa main les coeurs des rois de donner à leur Prince les vertus nécessaires pour gouverner avec autant de bonté que de justice. Heureux cependant l'état, où le Roi regarde ses sujets comme ses enfants, et où les sujets le considèrent comme leur Père! Heureux le Royaume où le Prince ne s'applique qu'à procurer la félicité de ses peuples, et où les peuples tâchent de répondre dignement aux soins que leur Souverain prend de leur bonheur! Heureuse donc l'Autriche, où l'on voit cette union parfaite, et cette admirable correspondance de tous les membres de l'état avec leur auguste Chef!

Maxime IX.
N'être attaché qu'au Roi.

Cette maxime n'est qu'une suite de la précédente. Car les lois de l'état nous obligent d'obéir au Roi, et nous défendent tout engagement contraire à ce premier devoir. Or ceux qui se dévouent entièrement à quelque personne élevée au-dessus d'eux par son rang, ou par sa naissance, sont en danger de manquer de fidélité à leur Prince, lorsque les personnes à qui ils se sont attachés en manquent elles-mêmes. C'est pourquoi les sages ont toujours désapprouvé ces liaisons trop étroites, et ces engagemens particuliers qui en plusieurs rencontres se trouvent opposés à nos obligations naturelles. Il nous doit suffire de rendre aux premières têtes de l'état les respects qui leur sont dus, sans jamais nous donner à elles de telle sorte, que nous leur vendions, pour ainsi dire, notre liberté, dont le Roi seul est le maître. Ce n'est pas que je blâme en général l'attachement que l'on a pour les grands. Car si cet attachement ne va point jusqu'à nous faire suivre aveuglément leurs passions criminelles, et qu'il n'ait rien de contraire à nos devoirs, on ne peut pas le condamner. Mais il faut prendre garde, si ces grands sont eux-mêmes attachés et soumis au Souverain: et s'ils ne prétendent point par leurs bienfaits nous faire entrer avec eux dans des engagements, qui ne puissent compatir avec l'obéissance qui lui est due. Que si nous reconnaissons qu'ils aient un dessin criminel, c'est alors qui faut s'éloigner d'eux, et sacrifier généreusement à notre devoir l'espérance de quelque avantage que ce puisse être. Il arrive même que les promesses flatteuses que font les grands qui se rendent chefs de parti, n'ont presque jamais leur effet, parce qu'au lieu de pouvoir faire du bien aux autres, ils tombent eux-mêmes dans toute sorte de misères. Ils y précipitent ceux qui se sont attachés à leur fortune : et les uns et les autres reçoivent enfin le juste châtiment qu'ils ont mérité. Soyons donc persuadés que quelques révolutions qui arrivent dans un royaume, il faut toujours s'attacher au Roi; et que c'est le parti le plus juste et le plus avantageux de tous.

Maxime X.

Contre ceux qui osent censurer le gouvernement.

Ce ne peut être que par une téméraire présomption, que des sujets trouvent à redire à l'administration de l'état, s'imaginent que les affaires publiques iraient mieux, si elles étaient conduites selon leurs idées. C'est à eux à se soumettre aux lois, et à se conformer aux règlemens qui doivent être observés sans murmure, et sans opposition de leur part. La réformation des abus qui se glissent de temps en temps dans le royaume, serait sans doute à souhaiter: mais les moyens de la procurer sont si difficiles, que de l'entreprendre sans une autorité légitime, ce serait plutôt travailler à ébranler la monarchie, qu'à y rétablir le bon ordre. Des particuliers sont coupables s'ils osent censurer le gouvernement. Il n'appartient qu'au Roi et à ses Ministres d'examiner, s'il y a dans l'état des désordres à corriger. Si cependant les assemblées d'états, qui se tiennent en divers lieux, découvrent quelques abus dans leurs provinces, elles peuvent se servir de l'autorité que le Roi leur donne pour les réformer. Et quand leur autorité ne suffit pas et que les désordres dont il s'agit, tirent à conséquence, elles doivent en donner avis à Sa Majesté, afin qu'elle y remédie de la manière qu'elle jugera la plus avantageuse à son peuple. Mais après tout ce qui pourrait être allegué le Roi doit demeurer le maître. Et quand même il n'accorderait pas des demandes qui paraîtraient bien fondées, on doit se persuader, qu'il n'en use ainsi que pour le bien de ses sujets, et pour des raisons qui ne sont connues qu'à lui, et à son conseil.

Maxime XI.
Contre les auteurs des troubles et des conspirations.

On peut juger par ces principes, combien sont criminels ceux qui sous prétexte de demander la réformation de quelques abus, excitent des troubles dans l'Etat, et y causent par leur révolte ces désordres funestes qui l'ébranlent quelque fois, et même qui le renversent entièrement. Lorsque ces dangereux partis se forment, il se trouve des gens qui pour se faire craindre, affectent de rendre leur fidélité suspecte, espérant que pour les retenir dans le devoir, on leur accordera les graces et les emplois qu'ils souhaitent! C'est une fausse politique et une méchante finesse que d'employer ces moyens captieux pour s'avancer à la cour. L'expérience nous apprend qu'on ne reussit point par cette voie, et qu'au contraire il arrive presque toujours qu'on se perd en la suivant. Ces raisons et surtout l'attachement à notre devoir, doivent nous obliger en toutes sortes d'occasions, de rejeter constamment les propositions qui lui sont opposées, et d'éviter jusqu'aux moindres choses qui pourraient faire douter de notre fidélité. Quelques criminelles que soient les conspirations dont on vient de parler, elles le sont pourtant moins que celles qui s'attaquent à la Personne sacrée des Rois, et qui ne tendent à rien moins qu'à les détrôner. Les chefs de ces factions détestables doivent être regardés, comme des furieux qui sacrifient tout à leurs passions, comme les plus cruels ennemis de leur patrie. Les rebelles ont beau déclarer hautement, qu'ils n'ont pris les armes que pour maintenir les lois de l'état: ce prétexte usé n'est plus propre à tromper personne. Car après ce que tant d'habiles gens ont écrit sur cette matière, on ne peut ignorer que selon les lois divines et humaines chacun est indispensablement obligé d'être fidèle à son Prince, et qu'un Souverain légitime ne releve que de Dieu seul. D'où il suit, que ceux qui bien loin de lui obéir, prétendent se mettre à sa place, ou la donner à un autre, sont condamnés par les lois mêmes, dont ils se vantent faussement d'être les défenseurs. En Autriche, en France, en Angleterre, et dans presque tous les Royaumes du monde, le sceptre ne peut passer d'une main à une autre que par droit de succession. Et le plus grand de tous les crimes que des sujets puissent commettre, c'est d'entreprendre d'usurper la puissance souveraine. Ainsi il faut avoir en horreur ces attentats sur l'autorité des rois: nous devons faire tous nos efforts, pour leur conserver la couronne, si l'on veut la leur enlever, et pour les maintenir sur le trône au péril de notre propre vie. Il n'y a que cette union des fidèles sujets avec leur Prince légitime, qui puisse empêcher la ruine d'un Etat troublé par les guerres civiles, et qui soit capable d'y rétablir la paix et la tranquillité.

Maxime XII.
Moyen pour se faire aimer.

Il n'est rien de si avantageux dans le commerce du monde que de savoir se faire aimer. En effet, celui qui sait se rendre maître des coeurs entreprend peu d'affaires qui ne lui réussissent, parce qu'il trouve partout des protecteurs et des amis. Mais comment entrer dans les coeurs? dira-t-on, il est si malaisé de les gagner. Pas tant que l'on se l'imagine. En premier lieu l'honnêteté est un moyen très-propre à cela. Elle rend l'esprit souple, docile, insinuant; elle nous empêche de choquer les autres; elle nous porte à nous accommoder à leur humeur, autant que notre devoir le permet; la complaisance et les égards qu'elle nous fait avoir pour ceux avec qui nous vivons, nous concilie leur bienveillance. La sincérité sert aussi beaucoup à s'attirer l'amitié et la confiance de ceux que l'on pratique, pourvu que cette vertu soit accompagnée de prudence et de discrétion. Une humeur bienfaisante est encore une voie sûre pour aller au coeur: du moment qu' un homme passe pour officieux et obligeant on se sent disposé à l' aimer, avant même de le connaître et sa présence achève ce que sa réputation avait commencé. A ces divers moyens ajoutons-en un qui les renferme tous en quelque sorte. *Voulez-vous vous faire aimer des autres? aimez-les vous-même le premier;* témoignez-leur de l'attachement et de l'estime. Le plaisir d'être aimé est si doux, qu'on ne peut s'empêcher d'aimer à son tour, et de favoriser la personne qui nous le cause. Voilà quelques moyens généraux, qui sont de grand usage pour s'insinuer dans les coeurs. Peu de gens les mettent en pratique, peu de gens aussi en sentent les heureux effets. Je ne marque point les moyens particuliers dont on peut se servir pour se faire aimer des hommes: cela dépend de leur âge, de leur humeur, de l'état de leurs affaires et des différens caractères de leur esprit. J'ajoute seulement, qu'ils ont presque tous un faible, ou une passion dominante, par où il est facile de les gagner. Mais comme cette passion est ordinairement déréglée, on ne doit point être assez lâche pour les flatter par cet endroit, afin d'obtenir d'eux ce qu'on souhaite. Car ce serait violer cette loi de l'honneur, appuyée sur les principes de la Morale chrétienne, qu'il n'est jamais permis d'employer des moyens illicites, quand même ce serait pour réussir dans les entreprises les plus justes.

Maxime XIII.
De la haute naissance, et de la réputation.

Il vaudrait beaucoup mieux pour un homme de qualité, qu'il eût perdu la vie, que de perdre l'honneur par quelque action honteuse ou criminelle. Plus son extraction est illustre, plus il est coupable, s'il dégénère de la vertu de ses Aïeux. Les grands biens, les dignités, la haute naissance, qui relèvent le mérite des personnes qui sont déjà en estime, ne servent qu'à augmenter la confusion et la honte de ceux qui se sont perdus de réputation par leurs désordres. A quoi pensent donc tant de gens qui se piquent d'être de qualité, qui vivent en même temps d'une manière peu chrétienne et peu digne d'un honnête homme? Croient-ils que l'honneur soit un bien héréditaire, et que la gloire de leurs Ancêtres rejaillira sur eux, tandis qu'ils les déshonorent en quelque sorte par leurs vices? La vraie noblesse et la vraie grandeur est celle de l'ame; et si les Gentils-hommes sont préférés aux Roturiers, c'est parce qu'on suppose qu'ils ont des qualités dignes de leur naissance illustre. La droiture, la générosité, le courage, la valeur, la fidélité pour leur Prince, le zèle pour le bien de l'Etat sont les caractères qui doivent les distinguer. C'est par la pratique de ces vertus qu'ils peuvent rehausser avantageusement l'éclat de leur origine, et surpasser la gloire de leurs Prédécesseurs. Mais ils doivent se souvenir, qu'une seule mauvaise action suffit pour détruire tout ce qu'on avait acquis de réputation en plusieurs années. Quel malheur de perdre un bien si précieux, pour s'abandonner aux mouvemens désordonnés de quelque passion violente! Si les jeunes gens considéraient, combien la bonne réputation est avantageuse, ils en seraient sans doute beaucoup plus rétenus et plus sages. Qu'ils sachent donc, qu'en ce temps-ci c'est par elle que l'on gagne les bonnes graces du Prince, et que l'on s'avance à l'Armée et à la Cour; que c'est elle qui donne cours au mérite, et qui le fait honorer partout; que c'est par elle enfin qu'on se fait des amis, et qu'on est regardé favorablement de tout le monde. Au contraire, un malhonnête homme, et qui passe pour tel, est haï et méprisé, on le fuit, et personne ne veut entrer en commerce avec lui. Il ne doit point prétendre à la faveur du Prince, ou des Ministres. On n'a garde d'avancer celui qu'on n'estime pas, et dont par conséquent on se défie. Ainsi il n'y a point de graces, point d'emplois à espérer pour un homme sans honneur. S'il a de grands biens, quelques misérables esclaves de l'interêt s'attacheront peut-être à lui: mais il n'aura jamais d'ami véritable, et il se verra banni pour toujours de la société des honnêtes gens.

Maxime XIV.
Du choix d'un état.

C'est une action de dangereuse conséquence, que de choisir trop à la hâte un état pour tout le cours de la vie. Vous ne devez vous déterminer là-dessus, qu'après avoir bien examiné vos inclinations, vos forces, vos talens, considérez ensuite, si vous êtes capable de remplir tous les devoirs attachés à la profession que vous voulez embrasser, et si vous pourrez supporter le travail et la peine qui s'y rencontrent. Prenez conseil en cette occasion d'une personne sage et éclairée; découvrez-lui avec constance vos sentiments les plus secrets. Comme le choix d'un état est la plus grande affaire de la vie, votre premier soin doit être de consulter Dieu là-dessus, et de lui demander sa grace: car sans cette divine lumière vous ne pouvez connaître, quel est l'emploi que la Providence vous a destiné. Chacun doit surtout se défier de soi-même, et s'observer de bien près: parce qu'il est à craindre, que selon la pernicieuse coutume de ce siècle, notre penchant naturel ne nous porte à nous déterminer sur ce choix important par des considérations humaines, sans nul égard pour le salut. Que l'amour propre n'ait donc aucune part à la résolution que vous prendrez dans une conjoncture si délicate. Cependant si après avoir examiné toutes choses, vous ne reconnaissez point que Dieu vous appelle à une autre condition, vous devez demeurer dans celle où il vous a fait naître. Disposer autrement de soi sans vocation, faire des voeux, changer d'habit, et de façon de vivre, c'est plutôt chercher en vain à calmer ses inquiétudes, que travailler solidement à son bonheur. Quand on passe d'une condition à une autre, on risque toujours beaucoup, à moins que cela ne se fasse selon les règles de la véritable sagesse. Ainsi *gardez-vous bien de changer d'état par caprice, ou par passion.* Un pareil changement n'est jamais heureux, et l'on en fait une longue pénitence, si la raison éclairée par la foi ne le juge avantageux et nécessaire.

Maxime XV.
Être vigilant, appliqué, laborieux.

L'application est nécessaire pour faire bien tout ce que l'on fait. Si les grands génies, quelque attentifs et quelque habiles qu'ils soient, ne sont pas toujours heureux dans leurs entreprises, quel succès peut attendre un esprit moins éclairé, qui ne s'applique pas fortement à faire réussir ses desseins; un homme qui veut s'avancer, trouve mille obstacles en son chemin. Ses envieux s'opposent à son élévation, ses concurrens s'empressent pour obtenir le poste, où il aspire: ceux qui le précèdent veulent empêcher ses progrès, ceux qui le suivent, font leurs efforts pour l'atteindre; ceux qui marchent avec lui, tâchent de le devancer: le moyen de vaincre tant d'ennemis, à moins que d'avoir beaucoup de vigilance? D'ailleurs nous vivons dans un siècle où rien ne plaît que ce qui est excellent et parfait en son genre: tout ce qui n'est que médiocre, est meprisé ou peu estimé. Or quelque génie qu'on puisse avoir, il est presque impossible d'exceller en quoi que ce soit sans une application extrême. C'est donc se flatter que de croire devenir habile homme, si l'on n'est résolu de travailler beaucoup et constamment.

Maxime XVI.

Des premières entreprises.

C'est une maxime commune, mais très-utile, *qu'il faut prendre de justes mesures, avant que de rien entreprendre,* en sorte qu'on n'ait rien à se reprocher, s'il arrive un mauvais succès. J'ajoute qu'on doit faire tous ses efforts, pour venir à bout des premières entreprises où l'on s'engage. C'est bien souvent là-dessus que roulent la fortune et la réputation d'un homme qui commence d'être employé. Sil ne réussit pas la première fois, on présume que c'est faute de jugement et de conduite, de sorte qu'on ne lui confie point d'emploi considérable, où il puisse se signaler. A l'armée, par exemple, c'est un étourdi, dira-t-on, il se fit battre mal à propos en telle rencontre : sa témerité ferait sans doute échouer l'entreprise dont il s'agit maintenant; ainsi il en faut donner le soin à un autre, qui soit plus sage que lui. Voilà comme on parle. Cependant ce jeune Officier que l'on blâme, n'est nullement coupable de la faute qui lui est imputée; il a très bien fait son devoir. N'importe : s'il a manqué son premier dessein on ne laisse pas de l'accuser d'imprudence. Or puisqu'on est quelquefois assez injuste pour condamner ceux même qui n'ont point fait de faute; quelle indulgence aura-t-on pour celui qui dans son premier emploi ne se comporte pas bien? Les premières impressions qu'on donne de soi, durent si longtemps, qu'un jeune homme ne saurait prendre trop de précautions pour bien commencer, et pour faire concevoir d'abord une opinion avantageuse de sa conduite.

Maxime XVII.
Par quelle voie on doit s'attirer l'estime des Princes et des Grands.

Il est aussi glorieux d'acquérir l'estime des Princes par de belles actions, qu'il est honteux de gagner leurs bonnes graces par de lâches complaisances. Un Gentilhomme doit se soutenir auprès d'eux avec honneur, sans qu'aucun intérêt puisse l'obliger à rien faire qui soit indigne de sa qualité. Outre les services qu'il rend aux personnes d'une si haute naissance, il faut encore qu'il ait beaucoup de respect et de déférence pour elles. Il doit leur dire sincèrement les vérités qu'on leur cache, et qu'il leur importe de savoir; les leur apprendre pourtant avec la circonspection et les égards nécessaires, et leur faire connaître en toutes rencontres, combien il est attaché à leurs véritables intérêts. Celui qui tient cette conduite est rarement disgracié: parce que ses actions se justifient d'elles-mêmes. Il est vrai que sa sincérité choque quelquefois: cependant lorsqu'elle est accompagnée de respect et de discrétion, et soutenue par une vertu solide, les Princes et les Grands qui sont naturellemeut généreux, l'estiment plus qu'on ne pense. Au contraire, une flatterie outrée leur déplaît: ils méprisent les flatteurs comme des ames basses, à qui les lâchetés ne coûtent rien, quand il s'agit de leur fortune: et ils savent parfaitement distinguer un honnête homme, sur lequel ils peuvent compter, d'avec un Courtisan qui n'a d'attachement pour eux qu'autant que son intérêt l'y engage. Ce n'est donc pas un moyen propre à se faire estimer des Grands, que de ramper en leur présence, et d'avoir pour eux des complaisances criminelles. Un homme qui les honore, et qui les sert dans l'occasion, mais qui est droit, sincère, et qu'aucune considération ne peut détacher de son devoir, leur plaît davantage et ils l'avancent plus volontiers.

Maxime XVIII.

Des avantages de la véritable amitié.

Pour juger des avantages qu'on peut tirer d'une amitié solide, il suffirait, ce me semble, de considérer l'état d'un homme qui n'a point d'amis. *Il est comme étranger au milieu de sa patrie;* et lorsque il a besoin d'appui, de conseil, d'assistance, il ne trouve personne sur qui il puisse compter, et dont il ait lieu d'attendre du secours. Si quelque bonheur lui arrive, il n'en est guère plus content, parce qu'il a le déplaisir de voir qu'on ne prend nulle part à ce qui le regarde; et s'il tombe en quelque disgrace, il a d'autant plus de peine à le supporter, et qu'il se trouve obligé d'en soutenir lui seul tout le poids: ce qui n'est pas possible à l'homme. Mais un ami fidèle partage avec nous et notre joie et notre douleur: il nous console dans nos déplaisirs, il relève notre courage abattu, et il soutient généreusement par son crédit et par ses biens notre fortune chancelante. Ses conseils nous sont d'une grande utilité dans nos affaires; et ses sages avis nous portent à rectifier ce qu'il y a de mauvais dans nos moeurs, et d'irrégulier dans notre conduite. Mais sans m'arrêter plus long-temps à marquer tous les bons offices qu'on peut recevoir d'un ami, que ne pourrais-je pas dire du plaisir que l'on goûte dans l'amitié considérée en elle-même? *Il est certain qu'un des plus grands contentemens de la vie c'est d'aimer, et d'être aimé.* Rien n'est si agréable que cette union de volontés, et cette conformité de sentimens qui se trouve entre deux vrais amis. Et qu'y a-t-il de plus doux que cette confidence réciproque et sincère, qu'ils se font l'un à l'autre de leurs pensées les plus secrètes. Ce n'est encore là qu'une legère idée des avantages et des douceurs d'une véritable amitié. On ne saurait les exprimer d'une manière assez vive, ni assez forte; et il faut avoir aimé pour les bien concevoir.

Maxime XIX.
Du choix d'un ami.

Si les avantages d'une sincère amitié sont si considérables, les périls où nous expose un faux ami, ne sont pas moins grands; outre que les fautes nous sont en quelque sorte attribuées, s'il nous engage dans de mauvaises affaires, il nous fait tomber dans les mêmes malheurs, où le jette sa mauvaise conduite. Il est donc important de ne se lier d'amitié, qu'avec un homme qui ait les qualités nécessaires pour être un ami véritable. La première et la plus essentielle de ces qualités est la piété; sans elle l'amitié la plus étroite ne peut long-temps subsister, parce qu'elle n'a point de fondement solide; et des passions contraires mettent bientôt la division entre ceux qui ne sont unis que par intérêt ou par quelque autre motif encore plus mauvais. Que l'ami que nous choisirons soit outre cela sage et éclairé: *la piété sans la prudence ne se soutient pas dans le monde.* Il doit aussi avoir le coeur tendre, mais ferme et généreux, être civil, modeste, libéral, maître de ses passions, attaché à ses devoirs; en un mot, il doit être parfaitement honnête homme. Si nous avons nous-mêmes ces belles qualités, nous demeurons toujours unis avec un ami de ce caractère et une amitié si pure ne contribuera pas peu à notre bonheur. Mais où trouver un tel ami? J'avoue qu'il est mal-aisé que tant de vertus se rencontrent en une seule personne. Et après tout, pourvu qu'elle ait les principales vertus dont on vient de parler, la piété, la prudence, l'honnêteté, l'attachement à ses devoirs; il faudra se résoudre à supporter ses faiblesses. Car comme nous avons chacun les nôtres, et que nous souhaitons qu'on nous les pardonne, il est bien juste, que nous ayons à notre tour quelque indulgence pour les petits défauts de nos amis, qui d'ailleurs ont beaucoup de mérite.

Maxime XX.
Du bon et du mauvais usage du temps.

Un des plus sûrs moyens dont on puisse se servir pour goûter quelque repos en cette vie, et pour être heureux après la mort, c'est de bien employer le temps. Pour cela, voici, ce me semble, ce que l'on doit faire : il faut s'occuper à l'étude, chacun selon ses vues et sa condition; lire avec choix et avec méthode; méditer à loisir; aimer la vérité, et la suivre en toutes choses. On doit consulter souvent les personnes éclairées, travailler à connaître les hommes en géneral, et soi-même en particulier, s'instruire parfaitement de l'état que l'on veut embrasser; et quand une fois on y est engagé, s'en acquitter avec exactitude. Mais comme ce qui n'est pas fait par un bon principe, ne saurait nous procurer un solide bonheur, notre soin principal doit être d'aimer Dieu, de le servir avec fidélité, et de rapporter toutes nos actions à sa gloire. Ceux qui emploient ainsi leur temps, ne s'ennuient jamais; ils vivent dans une grande tranquillité; ils se remplissent l'esprit de quantité de belles et utiles connaissances, qui les occupent agréablement, quand ils sont seuls; qui les rendent nécessaires à leur patrie; qui servent à régler leurs moeurs et leurs affaires, et qui leur attirent par là l'estime de toutes les personnes de mérite. Au contraire on n'a que du mépris pour ceux qui fuyant un travail utile et honnête, ne s'occupent qu'à la recherche de leurs plaisirs. Comme cettes sortes de gens vivent dans une profonde ignorance de leurs devoirs, et qui ne font nulle réflexion sur eux-mêmes, ils s'engagent insensiblement dans la débauche, qui après avoir corrompu leur coeur, corrompt aussi leur esprit, et les porte à l'impiété et au libertinage; en sorte que leur vie d'inutile qu'elle était au commencement, devient ensuite criminelle et presque toujours malheureuse. Puis donc que les suites d'une lâche oisiveté sont si funestes, et que d'ailleurs le bon usage qu'on fait du temps produit de si grands biens: n'est-ce pas une chose surprenante, que la plupart des hommes le comptent pour rien;

qu'ils ne cherchent qu'à le perdre, et qu'ils puissent se résoudre à passer leur vie sans rien faire pour Dieu, pour le public, ni pour eux-mêmes ? Ne soyons pas assez imprudens pour commettre une si grand faute : elle est irréparable, et le répentir en est éternel.

Maxime XXI.

Parler peu, écouter les autres.

Les hommes veulent briller dans les conversations : ils aiment à faire paraître ce qu'ils ont d'esprit et de sience, et ainsi ils souhaitent fort qu'on les écoute : de là vient, que si vous parlez peu, et que vous soyez attentif à ce que disent les autres, vous leur plairez infailliblement. Il semble que celui qui parle beaucoup, regarde ceux, avec qui il s'entretient, comme des ignorants qu'il veut instruire. Aussi les grands parleurs passent-ils pour gens, qu'il ont trop bonne opinion d'euxmêmes. On les évite avec soin, parce qu'ils fatiguent par leurs longs discours, par leurs fréquentes rédites et par le détail ennuyeux, dans lequel ils descendent. Un homme d'esprit, et qui sait vivre, écoute avec attention ce que l'on dit: il parle peu, mais toujours à propos, fort réservé, surtout à dire ce qu'il pense sur les matières délicates. De cette sorte, sans déclarer son sentiment, à moins que la prudence ne le lui permette, et que la bienséance ne l'y engage, il apprend celui des autres, il découvre quel est le caractère de leur esprit, et de plus il évite les fautes, dans lesquelles tombent ordinairement les personnes qui parlent trop.

Maxime XXII.

Des duels.

Il est étonnant, que la barbare coutume de se battre en duel ait duré si long-temps en Europe. Quelle fureur de s'égorger pour un démêlé particulier, et souvent pour des bagatelles? On ne peut sans horreur envisager les suites funestes de ces actions inhumaines. Celui qui se porte à cette extrémité, perd tous ses biens: il est contraint de sortir du royaume, et de se séparer pour jamais de tout ce qu'il a de plus cher. Il hasarde sa vie, qu'il peut perdre dans le combat, s'il y succombe, ou sur un échafaud, s'il en échappe. Enfin, pour comble de malheur, il perd son ame, s'il est tué en cette occasion. C'est pour conserver son honneur, dira quelqu'un qu'on s'expose à tous ces périls. Faux et impie prétexte! Quoi donc! au milieu d'un royaume chrétien, les gens du monde oseront-ils dire, qu'ils conservent leur honneur en violant le premier et le plus indispensable de tous les devoirs, qui est d'obéir à Dieu. Persuadés qu'il est glorieux d'exécuter les ordres du Prince, peuvent-ils croire sans un étrange égarement d'esprit, qu'il soit honteux d'accomplir la loi du souverain des rois, en lui sacrifiant des ressentiments qui sont si souvent très-injustes. Mais laissons la loi divine à part: le Monarque, ignore-t-il en quoi consiste la véritable bravoure ? Cependant il tient pour généreux et braves ceux, qui soumis à ses volontés, n'entreprennent point de se faire justice par les armes, et il se reserve à lui-même, ou renvoie aux plus éclairés de l'état sur ces matières la connaissance des injures, pour en ordonner la réparation. Ainsi l'honneur de ceux qui ne se vengent point est à couvert, puisque le Prince en est le garant. De plus, les personnes judicieuses approuvent la sage conduite de ceux qui étouffent leur ressentiment pour obéir à Dieu et au Roi. Car elles savent, que s'abandonner à la colère et à l'ardeur de se venger, c'est une action toute animale; mais que savoir se modérer, *être maître de ses passions les plus vives, c'est le propre d'une grande ame.* En faut-il davantage pour faire concevoir, quel est le crime et l'aveuglement de ceux qui osent encore rénouveler les duels déjà abolis? Que personne donc n'imite ces téméraires: mais que le triste souvenir de tant de braves gens, qui ont péri sans honneur dans ces combats défendus, et l'image du danger où l'on s'expose par là, arrête ceux qui se laissent emporter aux mouvements impétueux de la colère et de la vengeance, et les empêche de se précipiter dans l'excès des malheurs, qui sont les suites ordinaires de ces criminelles actions.

Maxime XXIII.

Rendre aux ministres les honneurs qu'on leur doit.

Ramper servilement devant les ministres et devant ceux qui sont en crédit, c'est une bassesse ; les mépriser, c'est une fierté blâmable ; censurer leur conduite, c'est une témérité dangereuse ; puisque par-là on s'attire leur indignation, et que l'on s'expose à leur ressentiment, dont l'effet est d'autant plus à craindre, qu'ils peuvent plus facilement nuire à leurs ennemis. Entre ces extrémités vicieuses il y a un milieu qu'il faut tenir, c'est d'avoir pour ceux qui sont les dispensateurs des graces du Prince, et qui lui aident à soutenir le poids des affaires, toute la déférence et tout le respect qu'ils doivent raisonnablement attendre des personnes de qualité. Un homme de naissance peut aussi, sans trop s'abaisser, tâcher d'acquérir leurs bonnes graces, et ne pas négliger les avantages qu'il croit pouvoir retirer de leur protection, pourvu néanmoins que ce soit par des voies légitimes. S'il arrive même qu'il reçoive d'eux quelque bienfait, les lois de l'honneur l'obligent de leur témoigner dans l'occasion sa reconnaissance, autant que ses premiers devoirs, et le service du roi peuvent le lui permettre.

Maxime XXIV.
De l'amour des plaisirs.

Il se trouve des gens, qui s'abandonnent à leurs plaisirs avec un tel emportement, qu'ils ruinent leur santé, jusqu'à perdre quelquefois

fois la vie par leurs débauches. De telles gens sont-ils Chrétiens, puisque pour satisfaire leurs passions déréglées, ils violent toutes les lois de la Religion ? Sont-ils raisonnables, puisque dans l'usage des plaisirs ils passent les bornes que leur prescrit la raison? Peut-on dire même, qu'ils soient hommes, puisque par leurs excès criminels ils se déshonorent et s'abrutissent, et qu'ayant moins de retenue que le reste des animaux, ils sont en quelque sorte inférieurs aux bêtes les plus viles, qu'on ne voit jamais rien prendre au de là de ce qui est nécessaire à leur conservation. Pour ne pas tomber dans de si étranges déreglemens, usons modérément et sans passion des plaisirs que la raison et la loi divine permettent. N'attachons point notre coeur à ces plaisirs passagers et frivoles, que ne peuvent nous rendre heureux; mais plutôt rapportons-en le légitime usage à la gloire de Dieu, qui est notre fin. Ainsi nous conserverons trois grands biens, que la débauche nous ferait perdre; je veux dire la pureté de l'ame, la santé du corps, et la liberté de l'esprit.

Maxime XXV.
S' étudier soi - même.

L' amour propre est un menteur, dit - on, *chacun se flatte et s' estime plus qu' il ne vaut.* Cela est vrai: mais que s' ensuit - il de - là? Qu' il faut nous étudier nous - mêmes; c' est-à - dire nous examiner à fond, et sans prévention. Cet examen nous fait connaître le caractère de notre esprit, et la disposition de notre coeur: et cette connaissance nous est très - avantageuse: elle nous sert à faire valoir nos talens; à corriger nos mauvaises inclinations, à nous défaire de nos vices, et à perfectionner nos vertus. Tel serait un homme accompli, et pourrait facilement avancer sa fortune, s' il n' avait un défaut considérable, duquel il ne s'aperçoit point, parce qu' il ne rentre jamais en lui - même pour voir ce qui s'y passe. Nous devons aussi faire beaucoup de réflexion sur nos actions; sur celles que nous avons déjà faites, pour nous mieux conduire à l'avenir; et sur celles que nous devons faire, pour en régler les circonstances, et pour en prévoir toutes les suites. Il coûte cher quelque fois d'agir par humeur ou par passion, et un caprice ou une négligence nous cause un fort long repentir. Il est encore très-utile de remarquer ce que chacun fait de bien et de mal; la sagesse des uns nous sert de modèle, et la mauvaise conduite des autres nous fait songer à rectifier ce qu'il y a de défectueux dans la nôtre.

Maxime XXVI.

Avoir commerce avec les sages et les habiles gens.

Nous naissons tous dans une ignorance profonde et universelle. Les études qui nous occupent pendant la jeunesse, éclaircissent un peu ces épaisses ténèbres dont notre esprit est enveloppé. Nous acquérons en suite par l'usage du monde un petit nombre de connaissances, qui nous font garder quelque ordre dans notre conduite. Mais ce peu de connaissances ne suffisent pas à un homme de qualité, qui veut parvenir aux plus hautes places. Combien de choses lui reste-t-il encore à savoir dans les sciences spéculatives, et dans son propre métier, dans la morale, dans l'histoire, dans la politique. Il n'a ni assez de loisir, ni peut-être assez d'esprit, pour apprendre par lui-même ce qu'il y a d'utile et d'agréable en tout cela. Que fera-t-il donc pour s'en instruire? Il entrera en société avec les personnes les plus éclairées. Il aura même chez lui quelque homme habile qui par un long et pénible travail, ayant acquis une érudition très-étendue, lui apprendra insensiblement dans des entretiens familiers, ce que ces diverses sciences renferment de plus beau et de plus nécessaire. Un Grand, qui suit cette maxime ne peut manquer de servir utilement l'état et d'acquérir de la réputation. Car le commerce qu'il a avec les savans, les sages et les plus grands génies, ne lui laisse presque rien ignorer. Et comme il se remplit l'esprit de tout ce qu'ils savent de meilleur, chacun dans leur profession, il paraît, selon les diverses occasions qui se présentent, excellent orateur, savant philosophe, sage jurisconsulte, judicieux politique, capitaine expérimenté, en un mot, habile en toutes choses.

Maxime XXVII.
Avoir plusieurs sortes d'amis.

Entre toutes les maximes de la véritable politique celle-ci n'est pas une des moins utiles. En effet, un homme qui vit à la Cour ou dans le grand monde, a besoin de mille secours différens: de bons conseils, pour se conduire avec prudence; d'avis salutaires, pour se corriger de ses défauts; d'argent, pour fournir à des dépenses nécessaires; de faveur, pour s'avancer ou pour se maintenir dans le poste qu'il occupe. Il lui faut des gens qui les divertissent dans ses déplaisirs, qui le consolent dans ses disgraces, qui le rassurent dans ses craintes : d'autres qui louent son mérite, qui l'informent des desseins de ses ennemis, qui prennent son parti contre eux, qui l'aident dans ses entreprises, etc. Or il est très-difficile qu'une seule personne puisse lui rendre tous ces services : car encore qu'elle en eut la volonté, souvent elle n'en aurait pas le pouvoir. Il est donc nécessaire d'avoir des amis de toute espèce, excepté celle des malhonnêtes gens. Les secours que l'on ne peut tirer de l'un, un autre les donne, et ce que chacun en particulier ne pourrait pas faire, tous ensemble en viennent à bout. Quand je dis qu'il faut avoir de diverses sortes d'amis, je ne prétends pas qu'on doive lier une étroite amitié avec plusieurs personnes. Je veux dire seulement, qu'il faut tâcher, par des manières civiles et obligeantes, et surtout par de bons offices, de se concilier l'affection de ceux que l'on pratique; en sorte que dans l'occasion on puisse se fier à eux, et compter sur leur bienveillance.

Maxime XXVIII.
Des grands desseins.

Les grands desseins sont pour l'ordinaire si périlleux et si difficiles à exécuter; il faut tant de génie, de capacité, de prudence et de fermeté, pour les bien conduire, qu'il n'y a que les hommes extraordinaires qui puissent en venir à bout. Pour acquérir l'intrépidité, qui est particulièrement nécessaire en ces occasions dangereuses, et qui n'est pas moins un effet de la force de la raison, qu'une qualité naturelle, on doit s'accoutumer de bonne heure à prendre des résolutions hardies, à soutenir sans trembler la vue du péril, à ne se point étonner des difficultés que l'on rencontre, ni des accidens qui arrivent, afinque, lorsqu'il s'agira de quelque chose de grand, comme de remettre la couronne sur la tête des légitimes Souverains, de défendre la religion, ou de délivrer la patrie opprimée, on ait la force de concevoir, d'exécuter et de faire réussir des desseins si généreux. L'histoire nous fournit d'éclatantes preuves de l'utilité de cette maxime. Car elle nous fait voir que, quand les affaires semblent désespérées, que la crainte est générale, et la consternation universelle, un seul homme qui est prudent, courageux et intrépide, peut rédonner coeur à toute une armée, et même à des peuples entiers, relever des espérances, chasser les ennemis de l'état, y rétablir la paix et la tranquillité, et en augmenter la gloire et la puissance.

Maxime XXIX.
Ne rien affecter.

Les manières affectées, bien loin de réhausser le lustre de la beauté, en diminuent l'éclat, et donnent aux personnes les mieux faites un air contraint, qui est toujours désagréable. A quoi bon se gêner pour plaire? les graces ne sont pas comme les fleurs, qu'on fait naître là où l'on veut; c'est la nature qui les donne, et l'on ne les peut avoir malgré elle. Comme les yeux de l'esprit sont plus fins et plus délicats que ceux du corps, la moindre apparence d'affectation les blesse, rien ne leur plaît tant que ce qui paraît simple, aisé, naturel et sans artifice. Il faut suivre son génie, et ne jamais s'en écarter. C'est ce qui fait le plaisir qu'on trouve dans le commerce des honnêtes gens. Les uns ont pour partage la solidité du jugement; les autres la beauté de l'esprit: il y en a qu'on aime à cause de la douceur de leurs moeurs: d'autres plaisent par leur vivacité et par leur enjouement. Si ceux qui ont ces belles qualités en affectaient d'étrangères, qu'ils croiraient leur convenir mieux, ils se rendraient en quelque sorte ridicules. Que chacun conserve donc le caractère qui lui est naturel, persuadé qu'il cessera de plaire, du moment qu'il le quittera, pour se revêtir d'un autre. Ce n'est pas que si l'on a quelques défauts à l'esprit, ou au corps, il ne soit à propos de les cacher, et de les corriger, si l'on peut, du moins ceux de l'esprit: mais on ne doit jamais rechercher des agrémens, que l'on n'a pas naturellement; puisqu'il est certain, qu'une personne est d'autant moins aimable, qu'elle tâche avec plus de soin de le paraître. Cette maxime s'etend jusqu'aux vertus, à qui l'affectation fait perdre tous leurs charmes, et tout leur mérite.

Maxime XXX.
Connaître le génie du siècle.

Quoique les hommes de tous les temps soient semblables en bien des choses, ils ne laissent pas de différer en beaucoup d'autres: et l'on peut aisément remarquer de la différence entre nos moeurs et celles de nos ancêtres. Tel ancien courtisan était habile dans le commerce du grand monde, qui maintenant y serait bien embarrassé. Car il en est de la cour considérée sous divers règnes comme des comédies: l'amour et l'ambition entrent dans toutes les pièces de théâtre; cependant les intrigues en sont différentes; et les héros ou les amans n'arrivent pas tous à leurs fins par les mêmes routes. Ainsi l'ambition, l'amour et les autres passions régnent toujours à la cour : mais on n'y tient pas la même conduite qu'on y tenait autrefois. Outre que les gens y sont aujourd'hui plus habiles et plus fins, on y suit aussi d'autres maximes. Nous devons donc étudier les coutumes, les manières et le génie de notre siècle, non pas pour pouvoir contenter des passions criminelles, mais pour mieux ménager les esprits, pour connaître le tour, qu'il faut donner maintenant aux affaires, pour pénétrer les secrets motifs, que peuvent avoir les personnes avec qui nous traitons ; enfin pour découvrir par quelles voies on peut se mettre bien avec tout le monde, et venir à bout de ses desseins.

Maxime XXXI.

Savoir s'occuper utilement, lorsqu'on est seul.

L'aversion, qu'on sent pour la solitude, est le plus souvent une marque de la petitesse de l'esprit, ou du dérèglement des moeurs. Il y a cependant une infinité de gens, qui ne peuvent être seuls une demi-heure sans s'ennuyer : comme ils ne savent à quoi employer le temps, ils s'inquiètent et se chagrinent; la tristesse les saisit, et ils sont à charge à eux-mêmes ; mais les esprits solides savent mettre à profit tous les momens de leur vie, et *ne sont jamais plus utilement occupés que quand ils sont seuls.* C'est alors qu'ils forment des projets avantageux, qu'ils entrent dans le détail de leurs affaires, et qu'ils songent aux moyens de servir leurs amis, de se défendre de leurs ennemis, de réussir dans leurs entreprises, de bien remplir leurs devoirs; enfin c'est alors qu'ils font importantes réflexions sur leur conduite et sur celle des autres. Après cela, s'il leur reste du temps, ils s'occupent à la lecture des livres qui plaisent, et qui instruisent également: ou ils s'exercent dans quelque art ingénieux et noble, ou ils cultivent celle de toutes les sciences, pour laquelle ils ont le plus de talent. L'expérience fait voir, combien il nous est avantageux, de profiter ainsi du loisir que nous laissent nos affaires. Pour moi je puis assurer, que la pratique de cette maxime est une des choses qui contribuent le plus à notre bonheur.

Maxime XXXII.
Ne point juger des entreprises par les evénemens.

La fortune peut faire échouer nos desseins les mieux concertés; mais elle ne saurait nous dérober la gloire d'avoir agi selon les règles de la prudence. Il suffit qu'un habile homme n'ait rien oublié dans ses entreprises: les bons ou les mauvais succès ne doivent ni augmenter ni diminuer les louanges qu'il mérite. Il est vrai que la plupart des gens en jugent bien autrement: les événemens heureux ou malheureux sont les seules choses, qui les déterminent à condamner la conduite qu'on a tenue. Incapables qu'ils sont de pénétrer le fond des affaires, ils n'en jugent que par ce qui frappe les sens : mais les personnes judicieuses vont plus loin ; instruites par l'expérience que la fortune rompt assez souvent les plus justes mesures, elles savent distinguer ce qui n'est qu'un effet de son caprice, d'avec ce que la prudence a produit ou dirigé ; et quelquefois elles trouvent, qu'on a fait de grandes fautes dans une entreprise dont le succès a été favorable, en même temps qu'elles découvrent beaucoup de sagesse dans une autre qui n'a pas réussi. Cependant celui qui vient heureusement à bout de ce qu'il prétendait, est loué et estimé, quelque imprudent qu'il puisse être ; et celui qui avec toute son adresse et toutes ses précautions n'a pas été heureux dans l'exécution de ses desseins, est accusé de témérité, ou de négligence. Telle est l'injustice de la plupart des hommes ; ils approuvent ce qui doit être condamné, et ils condamnent ce qui devrait être approuvé. Qu'une censure si mal fondée ne nous fasse pourtant pas perdre courage : mais plutôt, que le témoignage de notre conscience, le jugement avantageux que portent de nos actions ceux qui sont éclairés et équitables, et plus encore la soumission à la volonté de Dieu, qui ordonne ou qui permet tout ce qui nous arrive, aient assez de force pour nous soutenir dans les événemens facheux.

Maxime XXXIII.
Ce que l'on doit a un ami.

Comme il n'y a point d'homme qui soit parfait, il est hors de doute que l'on doit supporter les défauts de ses amis, ou renoncer à toute sorte d'amitié? Mais doit-on aussi servir en toutes rencontres les personnes que l'on aime? Cette question me paraît aisée à décider, parce qu'il en a été fait mention, en parlant du choix d'un ami. Et en effet, si deux amis sont tels qu'ils doivent être, et que je les ai représentés, ils ne demanderont jamais rien l'un à l'autre, qui ne soit juste, et ainsi ils se doivent tout accorder. Que si l'un des deux, changeant de conduite, voulait exiger de l'autre quelque chose qui fût contraire à son devoir, il mériterait d'en être refusé, puisqu'il le traiterait lui-même en ennemi: car ce n'est pas aimer une personne, mais plutôt c'est la haïr, que de vouloir lui faire commettre une mauvaise action. Outre ces amis injustes on en trouve encore de bizarres, qui croient qu'on est obligé d'être toujours de leur sentiment, et qui sur ce faux principe trouvent mauvais qu'on s'oppose à leurs caprices. Des gens si peu équitables ne peuvent être de vrais amis. Il faut cependant tâcher de leur faire comprendre, que la complaisance aveugle qu'ils prétendent qu'on ait pour eux ne serait pas raisonnable; et si l'on n'en peut venir à bout, je crois qu'il est à propos de se retirer insensiblement de leur société, et de n'avoir plus pour eux que les égards que demande la bienséance. Mais si l'on a le bonheur de trouver un ami sage et vertueux, on doit être toujours prêt à le servir en toutes choses, à prévenir ses demandes, et même s'il se peut, ses désirs. Au reste, *que chacun évite avec soin de rien exiger de ses amis qui les gêne; qu'il ne leur fasse pas* essayer sa mauvaise humeur, comme font certaines gens, qui ignorent les lois de l'amitié. *Un honnête homme doit épargner du chagrin à ses amis, autant qu'il est possible, et ne travailler qu'à les rendre heureux.*

Maxime XXXIV.
De l'enjouement, et de l'habitude de plaisanter.

Si le caractère de plaisant et celui de sage ne sont pas incompatibles, ils sont du moins ordinairement opposés. Le premier marque un génie superficiel, et peu propre aux grandes choses; l'autre au contraire marque un esprit profond, qui méprisant la bagatelle va au solide, et ne s'attache qu'à ce qui est important. De plus, l'habitude de plaisanter ne me paraît pas convenir à un homme de qualité; laissons aux petites gens le soin de réjouir les compagnies: s'ils parlent agréablement, on leur applaudit; s'ils ne disent que des sottises, on se moque d'eux : tout cela est sans consequence. Mais ceux qui sont distingués par leur naissance ou par leur dignité s'abaissent quand ils veulent faire les plaisans, et s'exposent au mépris des personnes qui les écoutent. *C'est un emploi trop bas, que celui de faire rire les autres,* à moins que ce ne soit par occasion, et sans qu'il paraisse qu'on ait cherché à dire un bon mot. Je ne suis pas cependant si sévère, que je veuille bannir la belle humeur du commerce du grand monde. *Qu'on raille, à la bonne heure, mais que ce soit sans choquer personne,* et que la raillerie soit noble et fine : qu'on égaie la conversation par des traits d'esprit pleins de vivacité et d'enjouement : mais que ces traits d'esprit soient toujours convenables à la dignité de celui qui parle ; qu'ils soient justes et délicats, et qu'ils ne blessent jamais ni l'honnêteté, ni la bienséance.

Maxime XXXV.
Ne rien négliger.

Quelque utile que soit cette maxime dans le commerce du monde, on ne la suit pourtant pas fort exactement. Un jeune homme surtout, qui n'aime point à se contraindre, se met peu en peine de la pratiquer; parce qu'il lui en coûterait quelques réflexions sur sa conduite et sur l'état de ses affaires. Mais il ne sait pas que les fautes, où il tombe, en négligeant certains devoirs qui lui paraissent peu essentiels, l'empêcheront peut-être d'obtenir le poste où il aspire. C'est ce qui arriva à Mr. de B.... Il vit avorter un projet qui ne lui pouvait être plus avantageux, pour avoir négligé de rendre visite à Mr. le Duc de ... avec qui il avait à traiter d'une grande charge. On ne saurait être trop exact et trop circonspect, quand on entreprend des affaires importantes. Un homme sage qui s'y trouve engagé, tâche de tout prévoir et de tout prévenir. Car il sait qu'un petit obstacle qu'on néglige de lever, soit faute de réflexion, ou parce qu'on le compte pour rien, retarde quelque-fois l'exécution d'une entreprise, et en empêche même l'heureux succès.

Maxime XXXVI.
De l'usage, que l'on doit faire de la faveur des grands.

Les courtisans disgraciés ont beau dire que leur disgrace n'est qu'un effet de la malice de leurs ennemis, ou un caprice de la fortune: Quand on y régarde de près, on trouve presque toujours qu'elle est l'effet de leur mauvaise conduite. Ils abusent du crédit qu'ils ont auprès des princes ou des grands: le moyen après cela qu'ils puissent se maintenir dans leurs bonnes graces? *La faveur est un bien assez fragile de lui-même.* D'ailleurs mille gens tâchent de le ravir à ceux qui le possèdent. D'où il suit, que pour se le conserver, ils doivent le ménager avec soin, et ne s'en servir qu'avec beaucoup de précaution et de prudence. Si vous jouissez de ce bien, et que vous ne vouliez pas le perdre, suivez les conseils que je vais vous donner: *1) Soyez civil, honnête et modéré;* car la fierté et l'humeur altière exciteraient contre vous la haine et l'envie: au lieu que l'honnêteté et la modération feront penser que vous êtes digne de votre fortune. *2) Ne demandez jamais rien pour vous, ou au moins que ce soit rarement.* Si le prince ou le grand qui vous favorise, reconnaît que votre attachement pour lui soit sincère et désintéressé, il vous en estimera davantage, et ses bienfaits n'attendront point vos prières. *3) Ne demandez rien que de juste. 4) N'employez jamais votre crédit que pour des personnes de mérite, et même ne l'employez pas trop souvent. 5) Que vos demandes soient toujours faites à propos et avec beaucoup de respect et de modestie. 6) Ayez une véritable reconnaissance des graces qu'on vous accordera,* et témoignez par un redoublement de zèle pour le service de votre maître ou de votre bienfaiteur, combien vous y êtes sensible.

C'est ainsi que vous devez user de la faveur des grands : et c'est aussi par là que vous les obligerez à vous conserver leur bienveillance.

Maxime XXXVII.
Du luxe et de la propreté.

La propreté est non seulement utile, on peut dire même qu'elle est nécessaire. Outre qu'elle contribue à la santé, elle fait partie de la bienséance, et ainsi il n'est pas permis à un honnête homme de se négliger. Il y a cependant beaucoup de différence entre s'entretenir proprement, et prendre un trop grand soin de sa personne; chacun doit là-dessus demeurer dans des justes bornes, et se régler sur son âge et sur sa condition. A l'égard d'une autre sorte de propreté, qui consiste dans la manière de s'habiller, j'avoue qu'elle n'est point blâmable, et qu'on peut en cela suivre la mode. Mais faire des dépenses excessives en habits, en ameublemens, en édifices, en festins, en équipage, se piquer d'effacer les autres et d'égaler même la magnificence des princes, c'est un effet de l'orgueil, et une affectation indigne d'un esprit solide. Ceux qui tachent de se distinguer par des choses si peu dignes qu'on s'y applique, donnent lieu de penser, qu'ils cherchent à relever leur peu de mérite par ces déhors éclatans. Quand on connaît la vraie gloire, et qu'on se sent capable de l'acquérir, on méprise le luxe, qui plaît tant au commun des hommes.

Maxime XXXVIII.

Avoir le moins qu'on peut d'ennemis.

Vous ne croyez pas, que de petites gens que vous méprisez, et que vous maltraitez, soient à craindre. Vous êtes, dites-vous, si fort au-dessus d'eux, que leurs traits ne pourront point s'élever assez haut pour vous blesser. Vous vous trompez: *la haine et le désir de se venger sont des passions ingénieuses:* elles trouveront, pour se satisfaire, des moyens auxquels vous n'eussiez jamais pensé. Les hommes de la condition la plus basse n'ayant rien à ménager, sont capables de tout entreprendre; et quelque faibles qu'ils soient, il y a toujours du péril à les pousser à bout. Que s'il est quelque-fois dangereux, d'avoir pour ennemis ceux qui sont au dessous de nous, que sera-ce, si nous nous attirons la haine de nos égaux, qui sont beaucoup plus en état de nous nuire; ou celle de nos supérieurs, qui peuvent nous ruiner entièrement. Il s'ensuit de là, *qu'il ne faut choquer personne, et que nous devons nous conduire avec tant de circonspection et de sagesse, que s'il est possible, tout le monde soit content de nous.*

Maxime XXXIX.

Ne se point décourager.

C'est le propre d'un petit génie de perdre courage pour le moindre obstacle qu'il rencontre en son chemin. *Un homme qui a du coeur et de l'esprit ne s'étonne de rien, et trouve toujours quelque ressource.* Il tient ferme contre les difficultés qui se présentent, et il les regarde moins comme un sujet de crainte, que comme une occasion de se signaler. C'est alors qu'agissant avec une nouvelle vigueur, et fesant des efforts extraordinaires, il surmonte le plus souvent tout ce qui s'oppose à ses desseins. Les grands hommes ne témoignent jamais plus de courage, que quand tout paraît désespéré: parceque l'expérience leur a appris que peu de choses fait changer de face aux affaires; et que du moins la hardiesse et la généreuse résolution qu'ils font paraître, les peut tirer de danger, en se fesant craindre à leurs ennemis. Cette fermeté dans les temps difficiles, et dans les mauvais succès, est très-avantageuse à ceux qui commandent. Elle est principalement nécessaire aux Souverains, et aux généraux d'armée : car s'ils s'étonnent, et qu'ils témoignent de la crainte, tous ceux qui leur obéissent perdent coeur, et se laissent vaincre sans résistance.

Maxime XL.
De l' orgueil.

Pourquoi nous entêter de notre mérite et nous préférer à tant d'autres, qui valent peut-être plus que nous? Nos corps n'ont-ils pas la même origine, et nos ames ne sont-elles pas de même espèce? Au regard des avantages que nous avons reçus de la nature ou de la fortune, c'est une grande marque de notre faiblesse, s'ils nous rendent plus fiers : car ces biens sont peu de chose en eux-mêmes, ils sont encore moins, étant comparés aux biens célestes, auxquels la foi nous fait aspirer; ils nous échappent souvent, malgré les soins que nous prenons pour les retenir, et un esprit sain les méprise, parce qu'il ne trouve point dans leur possession le bonheur solide qu'il cherche; quand même nous pourrions les posséder sans dégoût, et les conserver sans inquiétude. La vie est si courte, nous jouissons si peu de temps de tous ces avantages, qu'ils ne doivent point nous enorgueillir. Tôt ou tard la mort nous les ravit, elle nous dépouille, pour ainsi parler, de ces habits éclatans mais empruntés, et par-là elle fait voir, que tous les hommes considérés dans le fond de leur être, sont également misérables. J'avoue que nous faisons quelquefois des actions qui paraissent dignes de louange: mais comme l'amour-propre est presque toujours le principe qui nous fait agir, nous avons plus sujet de nous humilier du bien que nous croyons faire, que d'en tirer vanité. Les personnes dont la piété est la plus pure et la plus sincère, qui seules auraient, ce semble, quelque droit de s'estimer plus que les autres, sont celles qui ont le plus d'éloignement pour l'orgueil, persuadées non seulement qu'il est l'ennemi capital de toutes les vertus, et qu'il en empoisonne la source, mais qu'il est toujours mal fondé. Enfin ce vice est injuste, parce qu'il fait que l'on s'attribue la gloire qui n'appartient proprement qu'à Dieu. Il est odieux parce qu'il nous porte à mépriser tout le monde, et pour dire en peu de paroles, il est directement opposé à la vraie humilité qui est la vertu des Saints, et qui nous fait aimer de Dieu et des hommes.

Maxime XLI.
Régler sa dépense.

Il est absolument nécessaire de proportionner sa dépense à son revenu, si l'on veut se maintenir avec honneur dans le monde. Quelle estime a-t-on pour des gens qui dissipent leurs biens, et qui sont toujours assiégés par leurs créanciers ? Celui-là se trompe, qui veut passer pour libéral, et qui prétend s'avancer à la Cour par une dépense excessive. Le Prince et ses ministres jugent aisément, qu' un homme qui ne sait pas ménager son bien, ni régler ses affaires domestiques, n'est guère capable de ménager les intérêts de l'état, de commander des armées, ou d'établir le bon ordre dans les provinces. De-là vient, que ceux qui dépensent beaucoup au de-là de leur revenu, pour satisfaire quelque passion dominante, comme la chasse, le luxe, la débauche, le jeu, n'obtiennent point d'emploi considérable; ainsi les talens qu'ils peuvent avoir, leur sont inutiles, parce qu'ils n'ont pas occasion de les employer. L'avarice est odieuse sans doute: il n'est point de vice, qui marque plus de bassesse d'ame que celui-là; mais si la prodigalité est moins à blâmer dans son principe, elle est plus à craindre dans ses effets. Il y a pourtant des rencontres, où la profusion n'a rien que de louable: comme lorsqu'il s'agit de l'intérêt de la religion, du bien public, ou du service d'un ami; si l'on excepte de pareilles conjonctures, il faut user d'une sage économie, retrancher toute dépense superflue. C'est le vrai moyen d'être toujours en état d'avoir les choses nécessaires, de vivre honorablement dans sa condition, et de se soutenir de soi-même.

Maxime XLII.

Savoir choisir son monde;

La plupart des hommes sont pleins d'eux-mêmes, entêtés de leur noblesse, de leur grandeur, de leur science, de leur esprit, et de leurs autres qualités acquises et naturelles. Ils sont aussi d'ordinaire bizarres, emportés, opiniâtres, fourbes, médisans, intéressés, envieux, etc. J'avoue, que ces défauts se trouvent rarement ensemble; mais peu de personnes sont exemptes de tous. En un mot, le vice est si commun, et la vertu est si rare, que l'homme le plus sociable est obligé de se communiquer à peu de gens. Cependant comme on ne saurait vivre seul et sans nul commerce, à moins que de renoncer tout-à-fait au monde, il faut choisir un petit nombre de personnes de mérite, et former avec elles une société, où règnent la piété, la confiance mutuelle, la sincérité, la politesse, et même, s'il se peut, l'érudition. Il est mal-aisé d'exprimer, combien cette société est douce et commode. On s'y délasse de la fatigue des grandes affaires ; on s'y console de ses disgraces ; on y oublie ses déplaisirs, on y apprend mille bonnes choses : enfin on y passe le temps agréablement et utilement.

Maxime XLIII.
De la raillerie piquante, et de la médisance.

C'est un cruel divertissement que celui qu'on prend à la raillerie piquante. Quel fond de malignité ne faut-il point avoir pour se plaire à déchirer par cette sorte de raillerie le coeur de ceux que l'on attaque, et pour s'applaudir de les avoir poussés à bout.

Aussi la religion, l'honnêteté et la prudence nous obligent de bannir de nos entretiens ces discours empoisonnés, qui non seulement sont mauvais en eux-mêmes, mais qui peuvent avoir des suites si dangereuses. *Que la médisance n'ait aussi aucune part dans nos conversations. C'est une perfidie de parler mal de nos amis; c'est une pure malice de blâmer ceux qui nous sont indifférens; et c'est une lâcheté, de médire de nos ennemis.* Outre que les personnes qui jugent bien des choses n'ajoutent point foi aux paroles d'un esprit satirique; ceux à qui il s'en prend, lui font payer bien cher les bons-mots, qu'il n'a dit que pour réjouir une compagnie. Un médisant divertit quelquefois: mais on le craint, et chacun le regarde comme son ennemi particulier; parce qu'on sait bien que *la médisance n'épargne personne, que la vertu la plus pure n'est pas couvert de ses traits.* La réputation coute tant à acquerir, que c'est une grande injustice de vouloir détruire, sous quelque prétexte que ce soit, un si long et si pénible ouvrage.

Maxime XLIV.
De la sincérité.

Cette vertu est si essentielle aux personnes de qualité, elle est si peu connue dans le temps où nous sommes, qu'il ne sera pas inutile d'en donner ici quelque idée: car je ne pense pas, qu'à moins que d'avoir l'esprit gâté par les fausses maximes du siècle, on puisse la connaître sans l'aimer. Disons donc qu'un homme sincère ne se sert jamais de déguisement, ni de fourberie, pour aller à ses fins: toujours véritable dans ses paroles, il ne peut souffrir les termes ambigus et équivoques, dont on use dans le monde pour surprendre ceux qui agissent avec franchise. *Jamais il ne promet plus qu'il ne veut tenir, et il garde religieusement sa parole, quand une fois il l'a donnée.* S'il reconnaît qu'on attende de lui plus qu'il ne peut accorder, il explique ses intentions, pour ne pas entretenir les gens dans une vaine espérance. Toutes les vérités qu'il sait, il ne les dit point, et tout ce qu'il pense, il ne le découvre point par la raison, que bien souvent la charité et la prudence le défendent. Mais quand elles lui permettent de parler, il déclare nettement sa pensée, et ses amis apprennent de lui, sur ce qui les regarde, la vérité qu'on leur cache partout ailleurs: sa vertu brille avec d'autant plus d'éclat, qu'il travaille moins à la faire connaître : et comme il est ennemi de tout affectation, ses manières plaisent infiniment, parce qu'elles sont simples et naturelles. Ce n'est pas qu'il se laisse tromper, il prend de justes mesures pour éviter les piéges qu'on lui tend, mais c'est toujours avec les égards nécessaires, et sans témoigner aucun soupçon. Sa candeur admirable, accompagnée de beaucoup de sagesse, lui gagne tous les coeurs, et chacun tâche de lier commerce avec un homme de ce caractère. Une telle sincérité est rare sans doute, et particulièrement à la cour. J'ai pourtant connu des personnes qui possédaient cette belle qualité; aussi était-il impossible de les connaître, sans avoir pour elles, je ne dirai pas seulement de l'estime, mais même une espèce de vénération. Au reste la dissimulation, qui tient plus de l'artifice et de la ruse, que de la prudence et de la vraie politique, est aussi préjudiciable à un homme, qui prétend établir sa réputation et s'avancer dans le monde, que la sincérité, telle qu'on vient de la représenter, lui est avantageuse.

Maxime XLV.

Des réconciliations.

Ceux qui refusent opiniâtrement de se réconcilier avec leur ennemis, témoignent n'avoir guère de religion, et font bien connaître, que leur naturel approche de celui des bêtes féroces, dont l'aveugle fureur n'est satisfaite, qu'après qu'elles ont mis en pièces l'animal qui en était l'objet. La haine entre rarement dans un bon coeur, et s'il arrive qu'elle y entre, elle n'en ôte point certaines dispositions heureuses, qui le font aisément consentir à un accommodement raisonnable.

J'avoue pourtant, que ce n'est pas sans peine que nous pardonnons à ceux qui ont voulu nous ôter la vie ou l'honneur. Mais après tout, plus il est difficile de vaincre notre ressentiment, plus cette victoire est glorieuse, et marque une grandeur d'ame. Les hommes du commun ne sont pas capables d'un si noble effort. On voit à la vérité des personnes qui ont assez d'empire sur leurs passions, pour oublier les injures qu'on leur a faites, et pour se réconcilier sincèrement. Mais il y en a d'autres qui ne se réconcilient qu'en apparence et par politique: ils craignent de passer pour impies, s'ils ne le font pas, ou ils n'osent refuser leurs amis, qui les pressent de s'accommoder. Cependant ils conservent au fond du coeur autant de haine qu'auparavant, et le même désir de se venger. Pour ne pas avoir affaire à de telles gens, le meilleur moyen serait de n'offenser personne: si cependant le mal est fait, et que d'ailleurs nous ayons des preuves, que ceux que nous avons outragés ne se soient pas sincèrement réconciliés avec nous, agissons à leur égard d'une manière extrémement honnête ; tâchons même de leur rendre service, pour les engager à ne nous plus haïr. Mais défions-nous d'eux, sans néanmoins leur témoigner aucune défiance; et considérons-les comme des ennemis, qui ne laisseront pas échapper l'occasion de nous nuire, s'ils peuvent quelque jour la trouver. Pour nous, agissons avec plus de sincérité : accommodons-nous de bonne foi, et de bonne grace, sans chicaner sur les formalités. Les petits esprits sont insupportables sur ce chapitre : on a toutes les peines du monde à terminer un différent avec eux ; car ils ne sont jamais contens, qu'ils n'aient réglé avec la dernière exactitude le lieu, le temps, les paroles, qu'il faut dire, et jusqu'aux moindres démarches, que chacune des parties doit faire en ces occasions. Mais les personnes de mérite, qui savent en quoi consiste le veritable honneur, ne tombent point dans ce défaut, et en usent d'une manière plus noble et plus généreuse.

Maxime XLVI.

N' être point changeant.

Quand une fois nous avons bien commencé une affaire ; poussons - la jusqu' au bout, sans nous laisser éblouir par l'éclat de quelque chose de brillant, qu' on étale à nos yeux pour nous surprendre. Un concurrent habile, qui nous voit sur le point d' obtenir une place qu' il voudrait occuper lui-même, tâche de nous en faire abandonner la poursuite, soit en nous faisant donner de faux avis pour nous en degoûter, soit en nous faisant proposer par quelqu'un, qui se dit notre ami, de traiter d' une charge plus considérable. Ne donnons point dans le piège ; et préférons toujours un avantage assuré, quoique médiocre, à un poste éclatant, mais incertain. Gardons-nous bien aussi d'imiter certaines gens, qui par leur légèreté mettent eux-mêmes obstacle à leur bonheur et à leur fortune. Inconstans dans leur projets, ils n' ont pas plutôt embrassé un parti ou une profession, qu'ils songent à en prendre une autre. On ne réussit point dans le monde par une conduite si bizarre; et après tous ces divers changemens, on ne se trouve ni plus satisfait, ni plus avancé, que le premier jour. Il faut enfin se fixer; et lorsqu'on a pris un genre de vie, on doit s'y tenir, et travailler à s'y rendre parfait et heureux. Ce n'est pas que, si l'on a d'abord mal choisi, on ne puisse changer d'état ou d'emploi. Mais un homme prudent ne fait jamais cette démarche sans considérer toutes les suites qu'elle peut avoir; et sans être bien sûr, non seulement qu'il n'y a rien à perdre au change, mais qu'il y a même quelque chose à gagner.

Maxime XLVII.

Caractère d'un homme lâche et timide.

Un homme sans coeur, qui cache adroitement sa haine, est plus à craindre, que deux ennemis déclarés. Comme il n'ose jamais attaquer personne à découvert, il a recours à la trahison et à l'artifice ; ce qui rend les coups qu'il porte très-dangereux, parcequ'on ne s'y attend pas, et qu'on ne sait d'où ils viennent. La crainte qui lui fait voir du péril, où il n'y en a point, lui persuade en même temps, qu'il faut le prévenir, et l'engage à prendre de ridicules précautions contre des maux imaginaires. Sa timidité qui vient de la faiblesse de son esprit, le rend soupçonneux, et le fait vivre dans une perpétuelle défiance ; de sorte qu'il regarde la plupart des gens comme ses ennemis, quoique le plus souvent on ne pense pas à lui. Il n'a guère d'amis, ou plutôt il n'en a point du tout; car appréhendant toujours d'être trompé, il ne s'attache à personne, et n'aime point à rendre service, pour peu qu'il y ait à risquer. On le trouve si difficile dans les affaires, qu'il serait impossible d'en conclure aucune avec lui, si l'on ne lui donne toute sorte de sûretés, lesquelles il prend toujours d'une manière dure et choquante. Ce sont-là quelques-uns des mauvais effets que produisent la lâcheté et la timidité. D'où il est aisé de comprendre combien il est important d'éviter le commerce des personnes, qui étant nées avec ces défauts, ont négligé de s'en corriger par le secours de la raison, et par les principes de la vertu.

Maxime XLVIII.
De la reconnaissance.

Le plus malhonnête homme ne peut s'empêcher d'avoir de l'estime pour les honnêtes gens, et d'admirer en eux ce qu'il ne pratique pas lui-même. De-là vient que les personnes reconnaissantes sont estimées de tout le monde, sans en excepter les ingrats. Aussi la gratitude est-elle un devoir naturel, et par consequent indispensable. Un bon coeur sent bien la force de cette loi de la nature, et si quelqu'un est véritablement sensible aux bienfaits, c'est toujours une ame noble et généreuse. N'épargnez donc rien pour reconnaître les bons offices qu'on vous a rendus : et si l'occasion ou le pouvoir de le faire vous manquent, du moins témoignez sincèrement, que vous en avez la volonté. Quand la gratitude ne serait pas un devoir, elle est toujours avantageuse : car elle attire infailliblement de nouvelles graces à celui qui a su reconnaître les premières qu'il a reçues. Il est vrai, qu'on trouve des gens qui pour avoir fait plaisir à une personne en des choses peu considérables, veulent exiger d'elle les plus grands services. Quoique cela ne soit pas juste, la générosité ne doit vous engager en des pareilles rencontres à faire tout ce que demandent de vous ceux qui vous ont obligé les prémiers, fondé sur cette belle maxime, qu'en fait de reconnaissance on ne saurait aller trop loin. Si c'est vous qui avez obligé les autres, ne les en faites jamais souvenir, et ne croyez pas qu'ils vous doivent tout. S'il se peut, n'exigez même rien de ceux qui vous ont obligation. Que si le mauvais état de vos affaires vous force à leur demander quelque grace, faites-le avec tant de modestie et de retenue, qu'il semble que vous ayez oublié les bons offices que vous leur avez rendus. Je ne dirai rien ici contre l'ingratitude : chacun sait qu' elle est aussi odieuse, que la reconnaissance est aimable ; et que *les ingrats ont toujours passé pour des gens sans honneur.*

Maxime XLIX.
Eviter les contestations.

Le motif de toutes les disputes doit être la connaissance de la vérité, soit qu' on la cherche soi-même, ou qu' après l' avoir trouvée, on veuille la faire connaître aux autres. Or une vérité contestée est ou indifférente en elle-même, ou contraire aux inclinations de ceux avec qui l' on s' entretient, ou opposée à leurs préjugés. Si cette vérité est indifférente, pourquoi tant disputer ? A quoi bon s' échauffer inutilement pour la faire entrer dans leur esprit ? N' est-il pas plus à propos d' avoir pour eux une complaisance raisonnable, que de leur déplaire par une résistance, qui ne pourrait rien produire d'avantageux? Si la vérité dont on souhaite qu'ils soient persuadés, est contraire à leurs inclinations, il faut tâcher de la leur faire trouver aimable: et pour y réussir, la douceur et l'honnêteté sont nécessaires; les contestations et la chaleur de la dispute gâteraient tout. *Car le coeur veut être gagné, et non pas forcé. C'est une place, ou l'on n'entre jamais par la brêche.* Enfin si la vérité qui est en question est opposée à leurs préjugés, le moyen de les tirer d'erreur n'est pas de rejeter leur opinion avec mépris, de les tourner eux-mêmes en ridicule, ni de parler haut et d'un air décisif: tout cela révolte les esprits, et les empêche de se rendre à la raison. L'on doit plutôt attaquer ces préjugés adroitement; faire voir par des raisons solides, combien ils sont mal fondés, et ensuite établir sans passions et avec modestie la vérité du sentiment contraire. C'est ainsi qu'en usent ceux qui savent vivre, et c'est de cette manière que les disputes d'érudition sont utiles et agréables. Si l'on trouve des gens opiniâtres qui se fâchent et qui s'emportent, il est inutile de contester avec eux; cela ne sert qu'à les aigrir d'avantage. On doit alors se contenter de connaître la vérité, et plaindre ceux qui ferment les yeux à sa lumière.

Maxime L.
Etre régulier dans sa conduite.

Celui qui veut être régulier dans sa conduite, et vivre conformément aux règles de la bienséance, doit traiter les autres, chacun selon sa qualité et toujours d'une manière honnête. Il doit le respect à ses supérieurs, l'obeissance à ses maîtres, la civilité à ses égaux, et un accueil favorable à ses inférieurs. Il faut qu'il traite avec douceur et avec bonté ceux qui lui sont soumis, s'ils s'acquittent fidèlement de leurs obligations, et avec sévérité, s'ils ne le font pas. Qu'il ne se contente point de les avertir de leur devoir, quand ils y manquent, et de les châtier, s'ils méprisent ses avertissemens: mais qu'il soit lui-même extrêmement réglé dans toutes ses actions. Car serait-il raisonnable de condamner, et de punir sévèrement en autrui des fautes, où l'on tomberait le premier. La voie la plus sûre et la plus facile pour porter les hommes à pratiquer la vertu, c'est le bon exemple. Nous sommes tous obligés de nous le donner les uns aux autres; mais cette obligation regarde en particulier les princes et les grands; parce que comme on se fait un honneur de les imiter, ils font régner la vertu ou le vice, selon qu'ils ont de bonnes ou de mauvaises moeurs.

―――

Maxime LI.

Par où l'on peut juger des hommes.

S'il n'y a que les maîtres de l'art qui puissent faire, comme il faut, la dissection du corps humain; aussi n'y a-t-il que les personnes les plus éclairées, qui soient capables de faire l'anatomie de l'esprit et du coeur, que l'on prend ici pour les inclinations naturelles. L'amour-propre se déguise si adroitement, qu'il faut avoir les yeux bien fins, pour le connaître au travers des apparences de la vertu, sous lesquelles il se cache. Il est donc nécessaire d'y regarder de près pour découvrir ses artifices. En public il impose aux plus clair-voyans. Ainsi ne jugeons point d'un homme par les choses qu'il fait à la vûe de tout le monde: comme il se voit observé, il se fait violence, et n'est pas dans son état naturel; sur-tout dans les actions d'éclat, où chacun travaille à acquérir de la réputation, et prend soin de cacher jusqu'à ses plus petits défauts. C'est dans le particulier que nous devons examiner celui dont nous voulons connaître les moeurs et les inclinations: alors son esprit se relâche, il suit librement son penchant; et ce qu'il y a de bon et de mauvais en lui, paraît à découvert. Cela cependant ne suffit pas pour juger de son mérite: observons aussi prémièremeut, s'il est intéressé; car s'il ne l'est pas, c'est une preuve qu'il a le coeur noble. Examinons en second lieu, s'il s'acquitte des obligations de son état; car s'il est ainsi, c'est une marque qu'il a l'esprit solide. Mais si nous nous appercevons, qu'il soit intéressé, et qu'il néglige de remplir ses devoirs, quelques belles qualites qu'il puisse avoir d'ailleurs, il est indigne de notre amitié, et de notre estime. C'est encore un bon moyen pour connaître les gens, que de considérer l'usage qu'ils font de la bonne et de la mauvaise fortune.

Maxime LII.
De l' usage de l'une et de l' autre fortune.

L'usage que fait un homme de la bonne et de la mauvaise fortune montre quel est son génie, et nous apprend quels sont les sentimens, qu'on doit avoir pour lui. Si la prospérité le rend fier et orgueilleux, ou que l'adversité l'afflige extrêmement, et lui fasse perdre courage, il a l'esprit petit et l'ame basse: au contraire, s'il est ferme et constant dans les malheurs qui lui arrivent, ou que les faveurs de la fortune ne lui fassent rien perdre de sa bonté, de sa modération, de son honnêteté, et de ses autres vertus; on peut dire qu'il a le coeur noble et l'esprit élevé. En effet sans ces deux grandes qualités on ne peut témoigner dans les diverses conjonctures où l'on se rencontre, cette fermeté et cette égalité d'ame, qui marquent l'empire absolu qu'on a sur ces passions. Pour pouvoir suivre dans l'occasion le peu d'exemples qui se trouvent d'une vertu si solide, faisons souvent réflexion que les biens de cette vie sont si peu de choses, qu'ils ne doivent point flatter notre orgueil, et que les peines qu'on y souffre, passent si vite, qu'elles ne doivent pas nous abattre. Considérons aussi, quel est l'excès de bonheur et de gloire qui nous est destiné, si nous faisons des biens et des maux temporels l'usage que nous devons faire. Persuadés de ces vérités importantes, regardons en philosophes chrétiens les divers changemens de notre fortune: soit dans l'abaissement ou dans l'élévation, conservons une humeur toujours égale, et tenons une conduite toujours uniforme. Montrons enfin que nous sommes également capables, et de soutenir le poids de la grandeur, et de supporter constamment les disgraces.

Maxime LIII.
Des lettres de créance, des blanc-signés, de certificats de service.

Dans le temps où nous sommes l'on doit prendre de grandes précautions, pour ne pas être la dupe des fourbes et des hypocrites: car les personnes même que nous croyons nous être les plus dévouées, sont quelquefois les premières à nous tromper. C'est pour cette raison qu'il faut être bien assuré de la probité de ceux, à qui l'on donne des lettres de créance. Je crois même, que quand il est nécessaire de donner ces sortes de lettres, on doit toujours les accompagner d'instructions claires, précises, et qui descendent dans un grand détail, afinque ceux que l'on a chargés de conduire une affaire, ne puissent se couvrir d'aucun prétexte, si pour leur interêt particulier ils osent faire quelque fausse démarche dans le cours de la négociation. Quant aux blanc-signés, je ne voudrais jamais en confier à personne; et quiconque fera réflexion, que par là on met sa liberté, son honneur, et sa vie entre les mains d'autrui, se gardera bien d'exposer tout ce qu'il a au monde de plus précieux sur une chose si facile à égarer, et dont un méchant homme peut faire si aisément un mauvais usage. Il ne faut aussi donner à qui que ce soit des certificats de service et de bonne conduite, quand on n'a pas des preuves de ce que l'on avance. De pareils témoignages sont injustes, lorsqu'ils sont rendus sans connaissance de cause, parce qu'ils font avoir des récompenses à eux qui n'en méritent pas. Outre que s'il arrivera ensuite, que ces gens-là abusent des graces qu'ils ont recues du prince, on a regret, mais trop tard, d'avoir contribué à les leur faire obtenir, sans être assuré qu'ils en étaient dignes.

Maxime LIV.
De la curiosité.

La curiosité est louable, lorsqu' elle tend à la connaissance de ce qui est utile et honnête: mais elle est de dangereuse conséquence, quand elle nous mène trop loin, et qu' elle ne nous fait rechercher que des choses mauvaises ou inutiles. *Soyons curieux de ce qui regarde la perfection de notre état; instruisons-nous à fond de tous nos devoirs; servons-nous de tout ce que nous avons d'esprit pour les bien connaître, et pour exceller dans la profession que nous avons embrassée:* rien n' est plus avantageux, que d' être habile chacun dans son métier. C' est par là qu' aujourd' hui l' on se distingue, et que l'on peut espérer de s'avancer en peu de temps. Celui qui par une vaine curiosité, ou pour avoir la réputation d'être universel, veut s' appliquer à trop de choses, n' en fait jamais bien aucune et ne recueillit pour fruit de son travail et de ses longues études, qu' une connaissance superficielle de diverses matières, qui souvent n'ont nul rapport à sa condition. Ne pourra-t-on jamais persuader aux hommes de ne s'attacher qu'au solide? Cet abbé qui devrait étudier sans cesse l'*Ecriture sainte*, pour y apprendre une science toute divine, s'est infatué de l'astrologie judiciaire, et il passe les jours et les nuits à consulter des ephémerides, et à chercher les divers aspects des planètes, pour tirer des horoscopes. Quelle folie, de prétendre pénétrer dans l'avenir par le secours d'un art qui n'est appuyé que sur les vaines imaginations de quelques anciens fanatiques! Les astrologues les plus fameux avouent, qu'ils n'ont point d'autre principe que l'expérience, et cependant c'est l'expérience même qui les condamne, puisqu'elle dément presque toujours leurs chimériques prédictions. Ce mathématicien se morfond pour trouver la quadrature du cercle, ou le mouvement du perpétuel, au lieu d'employer son temps à perfectionner les parties des mathématiques, qui sont le fondement de plusieurs arts nécessaires à la vie humaine. Ce chymiste, qui pouvait servir le public en s'attachant à ce qu'il y a d'utile dans sa profession, s'est mis en tête de chercher la pierre philosophale, et il ne songe à autre chose qu'à réussir dans le grand oeuvre, se flattant de changer bientôt tout en or, comme le *Midas* de la fable. Etrange entêtement des hommes, qui leur fait rechercher avec tant de soin et de fatique des choses que Dieu leur a voulu cacher ! Criminelle curiosité, qui les porte à dissiper leurs biens, à négliger leurs principaux devoirs, et à consumer inutilement une vie, dont chaque moment devrait être si utilement employé.

Maxime LV.
Eviter le commerce des libertins et des esprits faibles.

La parole soutenue de l'exemple a tant de forces, qu'il est très-difficile de résister à l'impression qu'elle fait sur nous. C'est pourquoi *il est important d'éviter le commerce de ceux qui vivent dans le déreglement, et qui font profession de libertinage.* Outre que les liaisons que nous aurions avec eux, ruineraient notre réputation; leur discours impies, leurs fausses maximes, et leurs mauvais exemples ne manqueraient pas d'altérer d'abord nos meilleures inclinations, de corrompre insensiblement notre coeur, et de nous précipiter ensuite dans les malheurs, où tombent le plus souvent ces sortes de gens. C'est encore une des règles de la prudence, de n'entrer jamais en société avec les esprits faibles et timides, qui sont presque tous scrupuleux et superstitieux. Comme leur maladie est contagieuse, le commerce que l'on a avec eux fait naître des scrupules et des doutes qui partagent l'esprit et l'empêchent de faire un juste discernement des choses. Ces doutes et ces scrupules nous causent aussi des craintes frivoles, qui toutes vaines qu'elles sont, ne laissent pas de nous troubler, et de nous ôter la liberté d'esprit et la tranquillité de coeur, sans lesquelles on ne peut ni connaître quel est le meilleur parti, ni l'embrasser avec confiance.

Maxime LVI.

N'user de finesse que par nécessité.

Lorsqu' il n'y a point de raison solide qui nous oblige à dissimuler, ce doit être une loi pour nous, d'agir avec franchise. A quoi bon faire toujours le fin: affecter de parler d'une manière enveloppée: et tenir une conduite mystérieuse hors de saison? Cela ne sert qu'à donner de la défiance aux autres. D'où il arrive, que quand la finesse est nécessaire à celui qui en use ordinairement, elle lui devient inutile, parcequ'on est en garde contre ses artifices. Les desseins d'un homme qui passe pour dissimulé, sont les plus faciles à déconcerter: car comme on se défié de lui, et qu'on l'observe avec soin, on ne manque guère de rompre toutes ses mesures. Je ne parle point ici de cette finesse qui n'a pour but que de surprendre et de tromper: chacun sait qu'elle est criminelle. Je parle de celle qui n'a rien de mauvais en soi; et je dis que toute innocente qu'elle est il ne faut, l'employer que rarement et par nécessité. La règle générale qu'on peut donner là-dessus, c'est qu'il ne faut pas user de finesse pour tromper personne, mais seulement pour s'empêcher d'être trompé.

Maxime LVII.
De la mort d'un ami.

C'est une douleur bien sensible que celle qu'on ressent, quand on perd un homme de mérite, qu'on aime, et dont on est sincèrement aimé. Une telle perte est d'autant plus grande, qu'elle est plus difficile à réparer : et il faudrait avoir la fermeté ou plutôt la dureté d'un stoïque, pour n'en être pas vivement touché. Quoique cette douleur soit juste, il faut cependant tâcher d'en adoucir l'amertume par le secours de la foi et de la raison et considérer qu'en ces occasions il ne suffit pas de verser des larmes, pour remplir les devoirs de la véritable amitié. On doit de plus conserver chèrement le souvenir de son ami : honorer sa memoire, exécuter fidèlement ses dernières volontés, et assister sa famille, si elle a besoin de secours.

Maxime LVIII.
A la cour la défiance est nécessaire.

La cour doit être considérée comme un pays ennemi, où mille pièges sont tendus pour nous surprendre. C' est là où les gens ont le plus d' honnêteté, et le moins de sincérité. Défions-nous de leurs caresses artificieuses, et de leurs fausses confidences ; et souvenons-nous que leur maxime la plus commune est de faire paraître au dehors tout autre chose, que ce qu' ils ont dans l' ame. *Tel vous sourit, et vous témoigne de l' affection, qui ne cherche que l' occasion de vous perdre.* Pour n' être pas la dupe de ces faux amis, un courtisan habile cache également ses desseins et ses pensées, particulièrement sur ce qui regarde la conduite des grands: ses desseins, afinque ses rivaux ne puissent le prévenir; et ses sentimens, de peur que ses ennemis ne les interprètent mal, et ne lui en fassent une affaire auprès de ceux qui sont en état de lui nuire. On dira sans doute qu'il est pénible d'être toujours sur ses gardes, et de se défier des personnes que l'on est obligé de voir tous les jours. J'en demeure d'accord: mais à la cour ces précautions sont d'une nécessité indispensable. Et après tout, il vaut mieux être circonspect et réservé dans ses paroles, au hasard de se gêner un peu, que de s'exposer à être trahi, en découvrant son coeur à des gens, de la fidélité desquels on n'a point de marque certaine. Je n'approuve pourtant pas une défiance si générale, qu'elle ne souffre nulle exception. J'avoue qu'on peut prendre confiance en un ami sage, et d'une vertu éprouvée, mais jusqu'à ce qu'on ait eu le bonheur de trouver un pareil ami, *le moyen le plus sûr pour n'être pas trompé, c'est de ne se fier à personne.*

Maxime LIX.
Des passions dans ceux qui sont avancés en âge.

Chacun plaît d'autant plus, que ses manières ont du rapport à sa condition et à son âge. Ainsi l'air grand et majestueux nous plaît dans un monarque; la gravité dans un magistrat, la mine haute et fière dans un général d'armée. De même nous aimons à voir de la gaité dans un jeune homme; du sérieux dans un vieillard. Au contraire une personne est d'autant plus désagréable, qu'elle s'éloigne du caractère, qui lui est propre. Delà vient qu'on ne peut souffrir dans un vieillard les passions de jeunes gens: mais c'est l'amour principalement qui rend ridicule un homme avancé en âge. En effet, quelle plus grotesque figure, que celle d'un vieillard galant et passionné? Et le moyen de s'empêcher de rire, quand on lui voit faire un personnage qui lui convient si peu? C'est un grand malheur de perdre en peu de jours tout ce qu'on avait acquis d'honneur et de gloire pendant une longue vie. C'est pourtant ce qui arrive aux vieilles gens qui veulent vivre comme ils faisaient pendant leur jeunesse; et qui ne sont ni plus sages, ni plus maîtres d'eux-mêmes à soixante ans, qu'ils l'étaient à dix-huit.

Maxime LX.

Des avis.

Il importe beaucoup à ceux qui occupent les premières places, d'écouter les avis qu'on veut leur donner, et de suspendre leur jugement, jusqu'à ce que la vérité soit éclaircie. Comme on découvre bien des choses par cette voie, il est de la prudence d'un ministre, d'un général d'armée, d'un gouverneur de place etc. d'admettre les donneurs d'avis, et de les récompenser libéralement, s'ils vérifient ce qu'ils ont avancé. Mais si pour donner bonne opinion de leur esprit et de leur adresse à démêler une intrigue, ils font de faux rapports, et que par haine ou par envie ils osent même imposer des crimes à des gens d'honneur et de probité; ils méritent d'être sévèrement punis comme des calomniateurs dont les artifices peuvent avoir des suites dangereuses, et pour l'état, et pour ceux, qui s'y laisseraient surprendre.

Maxime LXI.

Devoirs des personnes elevées en dignité.

Les hautes dignités demandent tant de soin, de travail, de vigilance et d'application, que ce sont plutôt d'illustres esclaves que des postes où l'on puisse vivre au gré de ses désirs. Mais c'est une vérité dont les grands ne se laissent pas aisément persuader. Qui leur dirait que plus on est élevé au-dessus des autres, moins on est libre en un sens, et plus on a de devoirs à remplir, de précautions à prendre, et de mesures à garder, leur parlerait un langage inconnu et barbare. Ils n'envisagent dans les grands emplois que les honneurs qu'on y reçoit, et le pouvoir qu'ils donnent, sans jamais penser aux obligations et aux soins qui sont nécessairement attachés. Il s'en trouverait peu qui osassent aspirer aux premières charges, s'ils considéraient, combien il est difficile de s'en acquitter dignement. Ce n'est pas assez pour celui qui en est revêtu, d'avoir les plus beaux talens, de l'esprit, si les plus nobles inclinations du coeur ne les accompagnent, et n'en règlent l'usage: presque toutes les vertus qui sont encore nécessaires, particulièrement la piété, la prudence et la modération. Il est obligé d'être réglé dans ses moeurs et dans toute sa conduite, pour donner du credit à la vertu; d'avoir un grand zèle pour le bien de l'état, et pour les intérêts de la religion; de contribuer autant qu'il peut au soulagement des misères publiques et particulières; de punir le vice avec sévérité: de récompenser libéralement le mérite; d'avoir l'équité pour unique règle de ses actions, d'être appliqué, vigilant, infatigable: en un mot, de sacrifier son repos pour le service de son prince et de sa patrie. Ceux que le prince a établis pour rendre la justice à ses peuples, pour commander ses armées, ou pour gouverner ses provinces, sont indispensablement obligés d'accomplir tous ces devoirs. Ce n'est aussi que par-là qu'ils peuvent éviter les disgraces, se maintenir avec dignité, et mériter une gloire solide.

Maxime LXII.

Ne se hâter pas de répondre dans les affaires importantes.

C'est une témérité de dangereuse conséquence, que de répondre sur-le-champ dans les importantes affaires, à moins que d'avoir une longue expérience, soutenue par une vaste capacité. Et quand même on aurait ces deux grands avantages, je crois que si l'occasion le peut permettre, il faut prendre du temps pour méditer la reponse qu'on doit faire à ce qui est proposé. Que par un orgueil criminel on ne se pique point alors de faire paraître la grandeur et la facilité de son esprit, en expédiant trop à la hâte ce qui mérite d'être examiné à loisir. En ces rencontres on ne fait point de fautes légères, surtout quand il y va de l'interêt de l'état.

Maxime LXIII.

Ne point protéger les méchans.

Rien n'est si beau que de faire du bien à tout le monde, sans en excepter nos plus grands ennemis. Il n'y a que les méchans qu'il ne faut jamais soutenir. Ce serait se declarer protecteur du vice, et renoncer par conséquent à la qualité d'homme d'honneur. Un ministre qui donne aux méchants du crédit et de l'autorité, en les avançant dans les charges, se rend responsable de tous les crimes qu'ils peuvent commettre, en abusant de leur pouvoir. Et outre que Dieu châtiera ce ministre injuste et infidèle, le prince a droit de le punir de ce qu'il a confié son autorité à des sujets indignes, qui selon toutes les apparences en feraient un mauvais usage.

Maxime LXIV.

Comment on doit se comporter envers les ingrats.

Que le déplaisir d'avoir trouvé des ingrats ne nous porte jamais à les blâmer. Les reproches et les plaintes ne sont pas propres à leur faire reconnaître leur faute. Au contraire, s'ils se voient décriés par nos discours, l'indifférence qu'ils avaient pour nous se change en haine, et ils ne gardent plus de mesures avec nous. Le moyen de les faire rentrer en eux-mêmes, c'est de les traiter avec la même honnêteté qu'auparavant, sans leur témoigner aucun ressentiment de leur ingratitude. Cette modération les charme: elle les fait bientôt repentir de n'avoir eu aucun égard pour des personnes qui en usent si bien avec eux: et enfin elle les oblige à changer ainsi les gens par une bonté qui les touche, d'autant plus, qu'ils sentent bien qu'ils en sont indignes, que de les irriter par nos reproches, par nos froideurs, ou par une fierté dédaigneuse qui les rend nos ennemis.

Maxime LXV.

Ce qu'il faut observer dans les grandes entreprises.

Dans les grands desseins il s'agit souvent de tout gagner, ou de tout perdre. Comme les suites en sont très-dangereuses, s'ils n'ont pas un heureux succès: on doit prendre beaucoup de précaution, avant que de s'y engager. Il est certain d'abord, qu'on n'en doit jamais former aucun qui soit important, à moins qu'on ne soit capable de le bien conduire, et d'en venir heureusement à bout. Pour cela le génie seul ne suffit pas ; l'application, la fermeté et la diligence dans l'exécution sont encore nécessaires. Il faut de plus, que ceux qu'on choisit pour être aidé dans les grandes entreprises, aient du jugement et du courage. Car s'ils manquent de jugement, le moindre obstacle les arrête. Les difficultés qui se présentent, les embarrassent et les rebutent; et s'ils n'ont pas de coeur, la vue du péril les étonne; la tête leur tourne; et on a le déplaisir d'échouer par la faute. Ceux avec qui on se lie en ces rencontres, doivent aussi être gens d'honneur. Je sais qu'il n'y a rien à craindre des personnes de ce caractère, et qu'elles sont assez engagées, quand elles ont donné leur parole. Cependant à cause de l'importance des affaires dont il s'agit, de l'inconstance des hommes dans le choix desquels on se trompe si aisément, et des accidents que l'on voit souvent arriver, je crois qu'il est nécessaire pour la sûreté commune, de mettre par écrit les choses dont on convient avec ses personnes, et les résolutions que l'on prend de concert; et même de les exprimer en des termes si clairs, qu'ils ne donnent point de lieu à l'équivoque. Si les choses ne réussissent pas, et que l'on soit trahi ou abandonné, ces sortes d'écrits servent à justifier la conduite qu'on a tenue: ils font voir qu'on n'a point eu de part aux fautes des autres, et que c'est à eux seuls que le mauvais succès des affaires doit être imputé; ou parce qu'ils ont manqué de coeur dans le danger; ou parce que voulant suivre leurs caprices, ils n'ont pas exécuté ce qui avait été résolu. Le secret n'est pas moins important dans les grands desseins, que les choses dont je viens de parler. C'est ce qu'on va faire voir dans la maxime suivante.

Maxime LXVI.

Du secret.

Les plus grands politiques travailleraient inutilement, si le secret n'était gardé dans leur conseil. En effet, les entreprises les mieux concertées ne réussissent point pour l'ordinaire quand ceux, qui ont l'intérêt de s'y opposer, les découvrent. Quelque justes que soient les mésures que l'on prend, ils les rompent toutes, et vont au devant de tous les desseins que l'on forme contre eux. C'est principalement à la cour qu'on doit être en quelque sorte impénétrable; les esprits y sont si subtils, qu'il ne faut qu'un geste, qu'un mot, qu'un regard, pour leur faire connaître ce qu'on ne voudrait pas qu'ils sussent. Combien de projets voit-on avorter, parce que ceux qui devraient cacher leurs intentions avec le plus de soin, se laissent pénétrer par des gens plus fins qu'eux. Il y a même des personnes, qui faute de jugement ou d'expérience, découvrent leurs desseins au premier venu, sans considérer, à quoi leur ingénuité les expose. En vérité on trouve si peu de fidélité parmi les hommes, qu'on ne saurait trop les examiner et les éprouver, avant que de s'ouvrir à eux. Ils demeurent pourtant tous d'accord, que chacun est obligé de garder le secret, dont on lui a fait confidence, et que c'est un dépôt sacré, auquel on ne doit jamais toucher. Mais où est celui qui observe exactement cette loi, ou plutôt, qui ne la viole, s'il espère trouver son compte dans cette infidélité? Quand je dis que le secret est une chose inviolable et sacrée, je ne prétends pas néanmoins que cette proposition soit universelle, et que cette régle n'ait point d'exceptions. Car si par exemple un ami, après m'avoir fait promettre que je ne le découvrirai point, me fait confidence d'une entreprise criminelle où il s'engage, je dois, il est vrai, faire tous mes efforts pour l'en détourner; mais si je n'en puis venir à bout, et que je n'aie point d'autre moyen pour l'empêcher d'exécuter la résolution qu'il a prise, il m'est permis de revéler son sécret. La raison de cela, c'est qu'en l'assurant que je ne découvrirais à personne ce qu'il voulait me confier, j'ai cru qu'il était incapable de rien faire qui fût indigne d'un honnête homme: ainsi je n'ai prétendu m'engager à garder le silence, qu'en supposant qu'il n'avait aucun mauvais dessein à me communiquer. D'ailleurs il est certain que *toute promesse faite contre un premier devoir est nulle.* Or si j'ai promis de ne point déclarer un dessein criminel, cette promesse est opposée à l'un de mes premiers devoirs; puisqu' elle est contraire à cette loi de la nature si utile et si juste, qui oblige tous les hommes de s'opposer, quand ils le peuvent, au progrés du mal, et d'empêcher qu'on ne commette de mauvaises actions; cette promesse est donc nulle, et je ne dois point la tenir. On peut voir par là, et par les exemples qu'on trouve dans l'histoire, qu'il est perilleux d'être le dépositaire du secret d'autrui, et surtout de celui des grands, où l'intérêt de l'état se trouve quelque-fois mêlé. C'est pourquoi tout homme sage doit éviter autant qu'il peut, d'avoir part au secret des autres. Ce n'est pas qu'il faille rejeter la confiance qu'un véritable ami nous témoigne, en nous ouvrant son coeur. Comme je suppose cet ami sage et vertueux, il ne nous découvrira jamais rien que nos premiers devoirs nous obligent à révéler. Alors la loi du secret aura toute sa force, et il faudra plutôt tout perdre que de la violer.

Maxime LXVII.

De l'espérance et du désespoir.

Les hommes qui ne devraient suivre que les lumières d'une raison éclairée, ne jugent ordinairement des choses que selon leur humeur et leur tempérament. Ainsi les présomptueux, accoutumés à se gâter, se persuadent fortement qu'ils obtiendront tout ce qu'ils désirent: et les timides qui se défient d'eux-mêmes et des autres, désespèrent presque toujours de réussir dans leurs entreprises. Evitons avec soin ces extrémités dangereuses: car le désespoir et la trop grande confiance font également négliger les moyens d'avoir un heureux succès. L'expérience ne nous apprend-elle pas aussi qu'il arrive souvent tout le contraire de ce que l'on s'était imaginé? D'où il s'ensuit que bien des gens trompés par une vaine espérance, ou troublés par une crainte malfondée, se rejouissent ou se chagrinent par avance fort mal à propos. Ces raisons devraient, ce me semble, nous persuader, qu'après avoir fait tout ce que la prudence veut que l'on fasse pour venir à bout d'une affaire, nous devons demeurer, autant qu'il est possible, dans une grande tranquillité, sans jamais nous abandonner ni à la crainte, ni à l'espérance, ni au désespoir. En sorte néanmoins que ne négligeant rien de ce qui peut faire réussir nos desseins, nous prenions en même temps les précautions nécessaires, pour prevenir les suites fâcheuses qu'ils peuvent avoir, supposé que le succès n'en soit pas favorable. Si nous suivions cette maxime, le bien qui nous arriverait, serait d'autant plus agréable, que nous l'aurions moins attendu, et le mal serait moins grand et moins sensible, à cause du soin que nous aurions eu de nous y préparer.

Maxime LXVIII.
Soutenir les intérêts de la vertu.

La vertu opprimée est un objet qui touche sensiblement un homme généreux; et qui lui fait employer tout ce qu'il a de crédit pour soutenir les intérêts des faibles qu'on veut injustement détruire; mais cette générosité est bien rare dans ce siècle. On voit, sans s'émouvoir, le vice triomphant s'élever par ses artifices sur les ruines de la vertu: et les personnes même, qui pourraient facilement l'en empêcher, n'osent s'opposer à cette injustice. Cependant il me semble que quoi qu'il en puisse arriver, nous sommes obligés d'avertir secrètement ceux qui ont l'autorité en main, des fourberies dont on se sert pour opprimer l'innocence; ou de nous en déclarer nous-mêmes les protecteurs, si nous avons assez de pouvoir pour la défendre. Une action si hardie nous fera sans doute des ennemis. Mais il n'importe; les gens de bien prendront notre parti en cette occasion. Et après tout, quand il y aurait beaucoup à risquer, le pourrions-nous faire pour une meilleure cause, que pour celle de la vertu?

Maxime LXIX.
De l'irrésolution.

Ceux qui n'ont point d'objet arrêté, et qui sont toujours incertains de ce qu'ils doivent entreprendre, errent dans le monde à peu près comme des voyageurs errent dans un bois, dont ils ne savent pas les routes. Il faut travailler de bonne heure à bien connaître les divers états de la société civile, et embrasser ensuite celui que nous jugerons nous être le plus propre. On se trouve quelquefois à la fin de sa vie, avant que d'avoir pensé à quoi on doit l'employer. Cependant elle est si courte cette vie, et le temps est si précieux, que c'est un grand mal que d'en perdre une partie considérable, en demeurant dans l'incertitude de la profession qu'il faut choisir. Il y a une autre sorte d'incertitude, ou plutôt d'irrésolution, qui n'est pas tout-à-fait si préjudiciable: mais qui ne laisse pas de nuire beaucoup: elle consiste à ne savoir à quoi se résoudre dans les affaires et dans les divers accidens qui arrivent; à délibérer vainement quand le temps presse, et qu'il faut promptement se déterminer. Je sais qu'il est très-utile d'examiner les choses avant que de rien entreprendre: mais quand il y a lieu de craindre, qu'on ne laisse échapper l'occasion d'exécuter un dessein, et dans toute autre rencontre où le succès dépend de la diligence, *c'est une grande faute que de consumer en de longues délibérations le temps qui est nécessaire pour agir.* Les esprits faibles et timides ont ce défaut: aussi ils ne sont nullement propres aux grandes affaires, qui se ruinent souvent par la lenteur, et qui demandent en ceux qui en ont le maniement, un grand courage soutenu par un jugement décisif et solide.

Maxime LXX.
N'être point précipité dans ses jugemens.

D'où vient, que les hommes sont remplis d'erreurs sur toutes sortes de matières? D'où vient qu'il y en a tant qui se conduisent par de faux principes? C'est qu'ils ne veulent pas se donner la peine de rechercher la vérité dans les choses de simple spéculation, et d'examiner, quel est le meilleur parti dans celles de pratique. La justice et la vérité ne se présentent pas d'abord à l'esprit: les nuages que forment les passions, et les préjugés nous empêchent d'apercevoir distinctement ce qui est vrai et ce qui est juste, et ce n'est souvent qu'après une exacte et longue recherche, que nous avons le plaisir de le bien connaître. Les plus habiles gens se trompent quelquefois malgré toutes leurs réflexions; que sera ce donc des petits génies qui n'approfondissent rien et qui ne font que voltiger, pour ainsi dire, sur la surface des choses. Il nous est de la dernière importance d'éviter la précipitation dans nos jugemens: elle est la source des hérésies, et des cabales: elle produit les querelles et les factions qui divisent les esprits, et troublent le repos des peuples. C'est aussi cette précipitation et la malignité de notre coeur, qui nous portent à donner une mauvaise interprétation aux actions des autres, contre cette maxime fondée sur la loi naturelle, qu'on doit prendre en bonne part tout ce qui peut y être pris. D'ailleurs l'entêtement et l'opiniâtreté, vices également dangereux dans la morale, et dans les affaires civiles, sont les suites ordinaires de la précipitation dont je parle. Evitons-la donc avec soin et puisque le ciel nous a donné la raison pour guide, ne jugeons de rien que par ses lumières, et ne suivons jamais dans notre conduite les mouvemens impétueux de nos passions; lesquelles nous faisant prendre un parti trop à la hâte, nous réduisent à la fâcheuse nécessité de manquer à notre parole, ou à notre devoir. L'esprit les plus sublime tombe dans l'erreur, s'il va trop vite: au lieu qu'un génie médiocre, qui examine les choses de près et à loisir, apperçoit ce qui avait échappé à des yeux plus clairvoyans, mais moins attentifs.

Maxime LXXI.

Comment il faut agir avec ceux qui nous ont aidé en quelque affaire.

Lorsque deux ou plusieurs personnes ont entrepris de concert une affaire, et qu'elles ont toutes contribué à la faire réussir, celui qui s'en attribue à lui seul le profit et la gloire, a bien peu d'honneur et d'équité. Eh quoi ! n'est-il pas juste que ceux qui ont partagé avec nous les fatigues et les périls d'une entreprise ; aient aussi part aux avantages qui en reviennent ? Un homme qui dans ces rencontres ose se vanter faussement, que toute la gloire d'un heureux succès lui est due, perd par sa vanité beaucoup plus qu'il ne peut gagner : car outre qu'il s'attire moins d'estime que de mépris en se louant soi-même, les plaintes que font de son orgueil et de sa mauvaise foi ceux qui l'ont utilement aidé, et desquels cependant il tâche de rabaisser les services, afin que les siens en paraissent plus importants, le décrient si fort dans le monde, qu'il ne trouve plus personne qui veuille le seconder dans ses desseins. Au contraire on se fait un plaisir d'aider et de servir ceux qui sans jamais parler de ce qu'ils ont fait, attribuent tout le succès de leurs entreprises à la valeur, ou à la bonne conduite des autres: et leur extrême modestie, bien loin de diminuer l'éclat de leurs belles actions, en relève avantageusement le mérite.

Maxime LXXII.

Des accidens imprévus.

Il arrive quelquefois qu'un accident imprévu rompt les mesures les plus justes, et met un obstacle presque insurmontable à l'exécution des desseins les mieux concertés. Il n'est pas possible de donner des règles précises de ce qu'on doit faire en ces occasions: cela dépend de la situation où se trouvent alors les esprits et les choses. Je dirai seulement qu'on doit delibérer aussi long-temps que les affaires le peuvent permettre, et qu'après cela il faut que ce qui aura paru le plus avantageux, soit exécuté hardiment, et avec autant de confiance que si l'on avait tout examiné plus à loisir. C'est en de pareilles conjonctures qu'un grand courage est de saison. C'est alors qu'on reconnaît clairement, quel est le génie de celui qui a la conduite de l'entreprise. Heureux, si par son habileté il sait trouver de bons expédiens; et si, conservant un grand sang froid au milieu du péril, ou de l'embarras des affaires, il donne ordre à tout avec cette merveilleuse présence d'esprit, qu'on a tant admirée dans les grands hommes!

Maxime LXXIII.

Des bienfaits, des récompenses, et de la distribution des emplois.

Quand ceux qui gouvernent, n'accordent les graces, et ne distribuent les emplois que par faveur ou pour de l'argent, c'est un grand mal pour le royaume dont ils ont l'administration. Car en vendant ainsi les charges au plus offrant, ils font tort au public, selon le proverbe qui dit, que qui achète une charge, a coutume de vendre la justice. D'ailleurs cela rebute les gens de mérite, qui sentent bien qu'on leur ravit en quelque sorte ce que l'on donne aux autres. Et comme les principales charges se trouvent remplies par des sujets qui en sont indignes, les particuliers en souffrent, et le corps de l'état en reçoit un notable préjudice. Mais quand selon les règles de la véritable politique, les récompenses ne s'accordent qu'à ceux qui les ont méritées par leurs services; que la distribution des emplois et des postes se fait avec justice et avec choix, chacun tâche de s'en rendre digne, persuadé que sa fortune ne dépend que de sa vertu. D'ailleurs les affaires publiques en vont mieux; le calme et le choix règnent partout, et l'ordre est gardé en toutes choses: parce que ceux à qui le prince à confié son autorité, étant gens de bien, s'acquittent de leur devoir avec exactitude, et ne travaillent qu'à rendre les peuples heureux.

Maxime LXXIV.

De la manière d'accorder ou de refuser des graces.

Il y a des gens qui accordent ce qu'on leur demandent; mais c'est toujours ou trop tard, ou à de certaines conditions, ou de si mauvaise grace qu'on ne leur en sait point de gré. Si vous avez dessein de faire plaisir à quelqu'un, et que vous vouliez en même temps vous concilier son affection, faites-lui sentir que c'est de bon coeur que vous lui rendez service. L'air chagrin et la contrainte avec laquelle on fait quelche chose en faveur d'une personne, diminue de plus de la moitié le prix du bienfait qu'elle reçoit. Au lieu que quand on sait l'art d'obliger, la manière dont on donne est plus agréable que le don même, et fait plus d'impression sur un coeur qui est sensible à autre chose qu'à l'intérêt. Il n'est pas moins utile de savoir refuser et de bien dorer la pillule: c'est-à-dire d'adoucir par des paroles et par des manières civiles et obligeantes ce qu'un refus a de désagreable et d'amer. Un honnête homme est si fâché de ne pouvoir contenter tout le monde, il en use si bien avec les personnes qui ont affaire à lui, qu'il s'en fait aimer même en leur refusant leurs demandes: et il les renvoie persuadées qu'il ne tient point à lui qu'elles ne soient pleinement satisfaites. De sorte qu'on ne lui a pas moins d'obligation de ce qu'il refuse avec peine, que de ce qu'il accorde avec plaisir.

Maxime LXXV.
De la vie retirée et de celle du grand monde.

Que la vie retirée est douce! qu'elle est tranquille et agréable! Un homme qui vit dans la rétraite, éloigné des objets qui pourraient exciter ses passions, jouit d'une profonde paix: ce qui lui rend la recherche et la connaissance de la vérité plus facile. C'est dans la solitude qu'il s'accoutume à juger sainement de tout: son coeur y devient plus pur, et son esprit plus éclairé: il y apprend mille choses par la lecture et par la méditation, et jamais il ne se lasse de contempler les perfections divines qui éclatent d'une manière admirable dans l'ordre de la nature, et dans l'ordre de la grace. Il semble au contraire, que celui qui occupe un poste fort considérable, soit à plaindre. Que de soins, dit-on, que de fatigues, que d'agitations dans les grands emplois! J'en demeure d'accord: cependant je pense, qu'un homme élevé aux premières charges qui a les qualités nécessaires pour s'en acquitter dignement, goûte dans sa condition des douceurs qui balancent bien ses peines. Car s'il remplit tous ses devoirs, comme je le suppose; quel plaisir n'est-ce pas pour lui de servir utilement sa patrie, et son roi, de défendre le faible, de protéger l'innocent, d'assister le pauvre, d'avancer les gens de mérite; en un mot, d'employer ces richesses et son crédit à faire du bien à une infinité de personnes? Ceux qui ont le coeur assez noble, et assez généreux, pour fair un si bon usage des avantages d'une haute fortune, et qui outre cela ont beaucoup d'étendue et de pénétration d'esprit sont sans doute appelés au maniement des grandes affaires; et ils doivent faire valoir au profit de l'état les rares talens qu'ils ont reçus du ciel; les emplois subalternes, ni la vie privée ne conviendraient pas à ces grands génies que Dieu a créés pour régir les autres. A l'égard de ceux qui n'ont qu'une vertu commune et un esprit médiocre, ils peuvent embrasser la vie rétirée, sans que le public y perde beaucoup; et s'ils n'y sont point appelés, ils ne doivent s'engager que dans un état proportionée à leurs forces et à leur capacité.

Maxime LXXVI.

Des sentimens que nous doit inspirer l'usage des créatures.

Ne nous imaginons pas que les créatures qui contribuent tant à notre perte, ne puistent contribuer beaucoup à notre salut. Si nous en savions faire un bon usage, et que nous n'eussions pour elles que les sentimens qu'il en faut avoir; ce qu'elles ont de bon et d'aimable nous porterait à aimer celui qui leur a tout donné; et ce qu'elles ont d'imparfait et de mauvais, nous empêcherait d'avoir aucun attachement pour elles. La beauté de l'univers, et en particulier celle des créatures raisonnables, nous donnerait quelque idée de la beauté souveraine de Dieu, et nous ferait désirer d'être unis à lui pour jamais. L'esprit, la force, la bonté, la sagesse, l'équité et les autres qualités que l'on estime dans les hommes, nous ferait admirer les perfections divines qui sont la source de toutes nos vertus et le principe de tous nos biens. Les plaisirs que l'on goûte sur la terre, et que l'on recherche avec tant d'ardeur, quoiquil's soient mêlés des beaucoup d'amertume, nous feraient penser, combien grands doivent être ceux dont on jouit dans le ciel; et nous engageraient à travailler pour y avoir place: D'autre part les désordres qui règnent dans le monde, nous ôteraient l'envie de nous y attacher. Les misères de cette vie et la courte durée nous feraient comprendre, que le véritable bonheur ne s'y trouve pas. Enfin les imperfections et les vices de ceux avec qui nous vivons, nous empêcheraient d'aimer personne par aucun autre motif que par celui d'une charité toute pure. De cette sorte les passions déréglées ne troubleraient point notre coeur : l'éclat éblouissant des biens sensibles ferait peu d'impression sur notre esprit; et les mêmes objets qui sont presque toujours l'occasion de notre ruine, seraient la cause de notre bonheur.

Maxime LXXVII.

De l'exil.

L'exil n'est proprement qu'un changement de lieu, qui ne doit faire aucune peine à celui dont la conduite est sans reproches. Tous les pays sont également bons aux gens de bien; ils trouvent partout ce qui est néces-

saire à la vie, et cela leur suffit. Quand donc par quelques revers de fortune on est obligé de se retirer dans une espèce de solitude après avoir toujours vécu à la cour, il ne faut point murmurer, ni se plaindre inutilement: cela ne sert qu'à faire paraître combien on est faible. On doit plutôt abandonner de bonne grace ce que l'on ne saurait plus retenir. Les grands hommes ont moins de peine à quitter les premières charges, qu'à les accepter. Ils savent combien il est difficile d'en bien remplir tous les devoirs: et comme ils les possédaient sans attachement, c'est sans douleur et sans tristesse qu'ils les perdent. Les accidens qui les leur ôtent, et que l'on appela communément malheurs et disgraces, ils les considèrent comme la première cause de leur félicité; parce qu'après cela se voyant délivrés de mille soins accablans, et des inquiétudes attachées aux grands emplois, ils commencent à goûter les douceurs de la liberté, et à jouir du calme heureux d'une vie paisible et innocente!

Maxime LXXVIII.
De la captivité.

Il en est à peu près de la captivité comme de l'exil: les prisons dans lesquelles les choses nécessaires sont accordées, et où l'on reçoit celles qui peuvent occuper l'esprit, ne doivent être considérées que comme des solitudes, où l'on peut jouir d'un répos tranquille, en s'accommodant au temps, mais où l'on est misérable, si l'on s'abandonne au chagrin et à la tristesse. Quand on a la conscience nette, c'est une erreur de se persuader qu'on est malheureux, parce qu'on est renfermé dans un plus petit espace de terre qu'auparavant. Un chartreux se plaît dans sa cellule, quoiqu'il lui soit défendu d'en sortir. Pourquoi cela? parce qu'il s'est fait une douce habitude de ce que d'autres regardent comme une servitude insupportable. Que celu qui est en prison, ait assez d'empire sur soi pour faire le même, il ne sera ni plus contraint, ni moins libre que le chartreux. Ce serait agir en homme raisonnable; mais le meilleur serait d'agir en chrétien, et d'avoir pour la vie du grand monde les sentimens que la religion nous inspire. Si je ne craignais, qu'on m'accusât de faire le prédicateur, je rapporterais ici un bel endroit de Tertullien, qui parlant aux chrétiens renfermés dans les cachots affreux pour la cause de la foi: ne vous affligez pas, leur disait-il, de ce que vous êtes séparés du monde; car si vous êtes persuadés, comme vous le devez être, que le monde est une véritable prison, vous serez beaucoup plus libre dans vos prisons, que vous ne le serez dans le monde. Il y a pourtant des gens, qui sans être coupables s'affligent mal à propos pendant leur prison, parcequ'ils regardent l'état où ils sont, comme une peine qu'on leur impose, et comme le triomphe de leurs ennemis; mais leur douleur n'est qu'un effet de leur imagination blessée. Il faut considérer, si la captivité est elle-même un grand mal, et s'il ne dépend point de nous d'en faire un bon usage, sans se soucier de ce quelle est selon le sentiment des autres dont l'opinion ne nous peut rendre malheureux. C'est ainsi qu'un esprit sain juge des choses;

il les prend toujours du bon côté, et par là il se trouve heureux dans le même état, où un autre croirait être misérable.

Maxime LXXIX.

De l'amour et de l'imitation de Jésus-Christ.

Jésus-Christ, qui connaissant la corruption des hommes savait, que sa parole seule ne ferait pas assez d'impression sur leurs esprits pleins d'orgueil et de préjugés, ne s'est pas contenté de leur donner une loi toute céleste, pour régler leurs moeurs, mais il l'a pratiquée lui-même le premier, afin de les animer par son exemple à mener une vie sainte. A la force de l'exemple qu'il nous a donné, il a ajouté le secours de sa grace, sans lequel nous n'eussions pu arriver à la souveraine félicité qu'il nous a promise. Et ce qui devrait particulièrement nous toucher, c'est qu'une charité pure et désintéressée a été le principe de tout ce qu'il a fait pour nous. Il n'avait pas besoin de ses créatures, Dieu qui trouve en lui-même la source inépuisable de son bonheur. Cependant il a bien voulu s'unir à notre nature et souffrir la mort pour des pécheurs dignes des plus sévères sentimens. Que de miséricorde! que d'amour on voit paraître dans un Dieu qui s'est en quelque sorte anéanti pour nous sauver! Que ce motif est propre à toucher les personnes généreuses, et qu'il est difficile, quand on pense sérieusement aux bienfaits que nous avons reçus de notre seigneur; qu'il est difficile, dis-je, de lui refuser un coeur qui lui appartient à si juste titre! Ah! si nous sommes si sensibles aux bons offices qu'on ne nous rend d'ordinaire que par intérêt; quelle reconnaissance ne devons-nous point avoir de tant de graces que Jésus-Christ ne nous a faites que parce qu'il nous a aimés? Cet adorable sauveur nous a donné dans sa mort un parfait modèle de toutes les vertus qui peuvent nous faire obtenir la couronne immortelle qu'il nous destine, et pour la mériter, il veut, que nous marchions sur ses traces. Mais ayant égard à notre faiblesse, il nous promet son secours, pour combattre les puissans ennemis qui veulent nous perdre. Suivons donc avec confiance un si grand chef, et un si bon maître; imitons ses exemples; et pour nous garantir des erreurs qui règnent dans le monde, jugeons des choses, comme il en a lui même jugé; soyons persuadés, que les richesses, les plaisirs et les honneurs qu'il a méprisés, ne méritent pas notre attachement. Croyons aussi, que les souffrances qu'il a aimées jusqu'à mourir sur une croix, sont moins à craindre qu'à souhaiter; et souvenons-nous, que la voie qu'il a suivie pour arriver à la gloire où il est élevé, n'est pas semée des fleurs, mais qu'elle est arrosée de sang et de larmes.

Maxime LXXX.
De la mort.

Après avoir proposé mes sentimens sur ce que l'on doit faire, et sur ce qu'il faut éviter durant le cours de la vie; il est à propos, ce me semble, que je dise quelque chose de la mort, qui en est le terme fatal et le moment le plus important. Je sais que la séparation de l'ame d'avec le corps ne peut être que violente, et que les esprits les plus fermes ne peuvent l'envisager sans quelque frayeur. Cependant je ne pense pas qu'il soit aussi difficile que se l'imaginent les ames timides, de sortir du monde avec la même générosité, qu'on y a vécu. En effet, pourquoi tant rédouter un passage ouvert depuis tant de siècles? Ne vaut-il pas mieux soutenir courageusement la vue d'un péril qu'on reconnaît inévitable, et auquel tous les hommes sont nécessairement exposés? L'espérance du bonheur qui nous est assuré, si nous mourons avec des dispositions saintes, devrait plutôt nous faire désirer la mort, que craindre de perdre la vie. Si nous appréhendons la douleur, considérons que souvent elle est assez légère ou qu'au moins elle dure peu: Et si la sévérité des jugemens de Dieu nous épouvante, le sang de *Jésus-Christ,* répandu pour notre salut, et l'amour infini qu'il a pour des ames, qui lui ont tant coûté, doivent calmer nos craintes, et nous inspirer beaucoup de confiance. Si nous sommes justes, ce qu'il ne faut pourtant pas se persuader, espérons en sa bonté, qui couronnera les oeuvres, que nous aurons faites par sa grace: et si nous sommes pécheurs, ne désespérons point de sa miséricorde, puisqu'elle n'a point de bornes et que l'écriture nous apprend, qu'il ne rejette jamais un coeur pénétré des sentiments d'une pénitence sincère. Pénitence heureuse, dont on doit lui demander la grace avec foi, avec humilité et avec persévérance. Il faut cependant avouer que ceux qui négligeant les devoirs de la religion, passent leur vie dans les délices, ont grand sujet de craindre la mort. Car outre que leur perte est certaine s'ils en sont surpris: ce qui n'arrive que trop souvent, comme Jésus-Christ nous en assure; quand même une maladie leur laisserait quelque temps pour penser à leur salut, ou ils se flattent qu'elle ne sera pas mortelle, et ainsi ils ne se préparent point à mourir; ou si se voyant à l'extrémité, ils demandent les sacrément de l'église; souvent c'est moins le fruit d'une véritable conversion, que l'effet d'une crainte servile. Ils ne renoncent pas sincèrement aux plaisirs de ce monde, ni aux objets de leur passions criminelles, lesquels ils ont toujours aimés avec tant d'ardeur. Car cet amour fortifié par une longue habitude, a jeté dans leurs coeurs de si profondes racines, qu'il faudrait un miracle de la grace pour l'en arracher. Et cette grace extraordinaire Dieu la donnera-t-il à ceux qui durant tant d'années ont osé violer et mépriser les saintes lois? Le plus sûr moyen pour se garantir des frayeurs de la mort, est donc de s'y préparer par une vie pure et innocente, de se détacher de bonne heure de ce qu'un jour il faudra quitter pour jamais; de penser souvent qu'en ce dernier moment, où l'éternité commence, les plaisirs finissent, les grandeurs humaines disparaissent, les bien temporels s'évanouissent; enfin de se persuader fortement, que l'on ne trouve point alors d'autre consolation, que dans le souvenir d'avoir aimé Dieu, et de l'avoir servi avec une constante fermeté, malgré la corruption du siècle.

F i n.

Les Maximes
de la sagesse humaine
ou
le portrait d'un honnête homme.

Rendez au créateur ce que l'on doit lui rendre
Réfléchissez avant que de rien entreprendre ;
Point de société qu'avec d'honnêtes gens,
Et ne vous flattez pas de vos heureux talens.
Conformez-vous toujours aux sentimens des autres,
Cédez honnêtement, si l'on combat les vôtres,
Donnez attention à tout ce qu'on vous dit,
Et n'affectez jamais d'avoir beaucoup d'esprit.
N'entretenez personne au delà de sa sphère.
Et dans tous vos discours tachez d'être sincère.
Tenez votre parole inviolablement,
Et ne promettez rien inconsidérément.
Soyeux officieux, complaisant, doux, affable,
Et pour tous les humains d'un abord favorable
Sans être familier, ayez un air aisé
Ne décidez de rien qu'après l'avoir pesé.

Aimez sans intérêt, pardonnez sans faiblesse,
Soyez soumis aux grands sans aucune bassesse.
Cultivez avec soin l'amitié de chacun.
A l'égard des procès n'en intentez aucun.
Ne vous informez point des affaires des autres;
Sans affectation dissimulez les vôtres;
Prêtez de bonne grace avec discernement.
S'il faut récompenser, faites le grassement.
Et de quelque façon que vous vouliez paraître,
Que ce soit sans exeès et sans vous mécon-
        naître.
Compatissez toujours aux disgraces d'autrui;
Supportez ses défauts, soyez fidèle ami.
Surmontez les chagrins, où l'esprit s'aban-
        donne,
Et ne le faites point rejaillir sur personne,
Où la discorde règne, apportez-y la paix,
Et ne vous vengez point, qu'à force de bienfaits.
Reprenez sans aigreur, louez sans flatterie,
Riez passablement, entendez raillerie.
Estimez un chacun dans sa profession.
Et ne critiquez rien par ostentation.
Ne reprochez jamais les plaisirs que vous faites,
Et mettez les au rang des affaires secrètes;

150

Prévenez les besoins des amis malheureux,
Sans prodigalité rendez-vous généreux.
Modérez les transports d'une bile naissante,
Et ne parlez qu'en bien d'une personne absente.
Fuyez l'ingratitude, et vivez sobrement,
Jouez pour le plaisir, et jouez noblement.
Parlez peu, pensez-bien, et ne trompez personne.
Et faites toujours cas de ce que l'on vous donne.
Ne tirannisez point le pauvre débiteur:
Pour lui, comme pour vous, soyez de belle humeur.
Au bonheur du prochain ne portez point envie.
Ne divulguez jamais ce que l'on vous confie.
Ne vous vantez de rien, gardez votre secret,
Après quoi mettez-vous au-dessus du caquet.

Gedruckt bei Franz Edlen von Schmid & J. J. Busch.

www.ingramcontent.com/pod-product-compliance
Lightning Source LLC
LaVergne TN
LVHW061215060426
835507LV00016B/1952